Skjøt-Jens
en fattiggårdsdrengs korte liv

Simon S. Laursen

Skjøt-Jens
en fattiggårdsdrengs korte liv

Forsiden: Fattiggårdsbørn stående foran Skøttrup fattiggård ca. 1915.

© 2024 Simon S. Laursen

Forlag: BoD • Books on Demand GmbH, In de Tarpen 42,

22848 Norderstedt, Tyskland

Tryk: Libri Plureos GmbH, Friedensallee 273,

22763 Hamborg, Tyskland

 ISBN: 978-87-4305-904-2

Indhold

Den spanske sømand

Min familie har altid elsket historien om, at vi havde en forfar, der var spansk sømand. Min oldemor Ane Catrine fra Støvring i Himmerland - kaldet Stryge-Trine - fortalte om sit ungdomsbekendtskab Jens Martinus, at han kom fra Løkken oppe i Vendsyssel og var resultatet af, at hans mor mødte en sorthåret mørklødet søkaptajn - formentlig spanier - ved navn Martinus; hvilket i familien hurtigt blev til Martinez. Denne stak dog til søs igen, men det var ham Jens Martinus var opkaldt efter og havde sin mørke lød fra. Jens Martinus voksede op i Løkken, hvor hans mor ernærede sig som syerske. Min oldemor var stadig sent i livet betaget af ham og beskrev ham som en overordentlig smuk og begavet mand - dog med en rap tunge, og når noget gik ham imod et ustyrligt temperament. Han stak til søs som sin far, men rastløs som han var, blev han aldrig ved noget længere tid. Han havde til gengæld håndelag for alt, og det blev sagt om ham, at alt lykkedes for ham. Som landarbejder kunne ingen følge ham hverken i roerne eller i tørvene. Da han senere tog job som møllersvend, erklærede mølleren, at han aldrig havde haft så dygtig en møllersvend. Desværre brugte han ikke kun sin styrke på melsækkene, men var frygtet som en stor slagsbror. Min oldemor mente dog, at han ofte blev udfordret. Sagen var, at lige så højt han var elsket af bønderpigerne, lige så meget var han hadet af bønderkarlene. Det var dog ikke lige fine metoder han brugte. Han blev således engang arresteret for at have benyttet sig af en ituslået flaske som våben[1].

Lad det være sagt med det samme, Jens Martinus fortælling til min oldemor om hans baggrund og familie i Løkken er hverken fyldestgørende eller helt sandfærdig. Hans karaktertræk og årsagen til hans version af hans oprindelse og baggrund, skal tværtimod findes i den virkelige historie om ham. Det betyder dog på ingen måde, at historien om ham er mindre begivenhedsrig - tværtimod.

Vejhuset

For at forstå historien om Jens Martinus, er det nødvendigt at forstå det samfund og de mennesker, han blev rundet af. Historien om ham begynder derfor i Vendsyssel ud til kanten af Nordsøen lang tid før han blev født. Her lå fra gammel tid en række små bysamfund omkring det gamle magtcenter Børglum Kloster. Et af disse små samfund var Furreby, der var annekssogn til Børglum sogn - hvilket vil sige, det var et selvstændigt sogn, men præsten i Børglum dækkede begge sogne. I midten af 1600-tallet bestod Furreby af en halv snes gårde, nogle huse og en vandmølle, samt en lille middelalderkirke i granitkvadresten beliggende forblæst i det åbne landskab ikke langt fra kysten.

I 1671 udvidede byen sig mod syd, da de to første huse blev bygget på Furreby Løkke mellem vandløbene Furreby bæk og Lerbæk. Det blev dengang benævnt Lychen eller Löchen, hvilket betød indhegnet mark - i dette tilfælde området afgrænset af de to vandløb. De tidligste huse i Løkken havde hverken markjord eller kålhaver, men ernærede sig ved ølsalg med de på stranden anløbne sandskuder fra Norge, samt i mindre omfang fiskeri. Det var på det tidspunkt begrænset mulighed for at afsætte fisk lokalt, så fangsten var primært til eget forbrug. En voldsom sandflugt i slutningen af 1600-tallet bevirkede, at landingsforholdene for sandskuderne ændrede sig, og de begyndte at ligge til ud for det nye Løkken i stedet for som hidtil ud for Furreby. Med tiden voksede skudehandlen. Skuderne var primært fra det norske Sørlandet (det sydlige Norge), men nogle kom også fra England, Bohuslen i Sverige, Nordtyskland og Holland. Når en skude blev ankret op mellem anden og tredje revle, var alle mand af huse for at tjene på at ro last til og fra den. Der kom efterhånden store skudehandlergårde i byen, hvor driftige handelsfolk tjente godt$_1$.

I midten af 1800-tallet var skudehandlen imidlertid kun en skygge af storhedstiden et århundrede tidligere - ikke mindst efter adskillelsen af rigsfællesskabet mellem Danmark og Norge. Løkken var dog det sidste sted på kysten med en vis handel, hvorfor byen stadig var præget af den. Til gengæld havde fiskeriet udviklet sig til en vigtig indtægtskilde. Livet på kanten af havet bød på barske naturvilkår, hvor fiskebåde gik ned i stormvejr og huse blev taget af storme. Løkken var på trods af det i 1850 blevet til godt et halvt hundrede huse og knap femhundrede indbyggere[2]. Husene vendte for de flestes vedkommende i retningen øst-vest - forstået som længeretningen af huset var nord-syd. Dette - og at de ofte var bygget som dobbelthuse i lavninger - var for at ligge mest muligt i læ. De lå spredt i klynger uden nogen egentlig plan og orden. Der var ingen antydning af gader, men der var veje fra henholdsvis Hjørring og Vrensted til byen. Derudover var der to veje fra byen ned til stranden. Den nordligste af disse gik i forlængelse af Hjørring-vejen. Længst nede mod stranden ved denne vej lå huset, som siden er blevet kaldt Vejhuset. Der var dengang kun lave klitbakker mellem byen og stranden. Man kunne derfor fra huset dengang se, når skuderne lagde til uden for kysten. Huset lå meget udsat og havde flere gange vand i stuerne i forbindelse ved storme og højvande - ligesom sandflugten var en konstant udfordring. Efter en vestenstorm kunne sanddriverne nå op til midt på vinduerne. Huset kunne til andre tider være helt dækket af havskum. Det var med stråtag, bygget i bindingsværk og med lerklinede vægge, så de bærende stolper var placeret inde i huset beskyttet mod vind og vejr. Huset eksisterer endnu og er et af de ældste i Løkken.

Vejhuset blev midt i 1820erne opdelt i to som dobbelthus, hvor først fisker og daglejer Jens Hansen Rakkeby og senere ligeledes fisker og daglejer Søren Thomsen Stalden flyttede ind med deres familier - sidstnævnte blev med tiden tækkemand[3]. Førstnævnte Jens Rakkeby havde sit tilnavn fra, at han var født i og kom fra Rakkeby lidt nord for Børglum. Hans far havde her været husmand og national soldat. Jens Rakkeby var kommet til Løkken i 1820, da han blev gift med Anna Maria Madsdatter - kalde Ane Marie. Hun var datter af en jordløs husfæster og fisker i Løkken og havde aner her på sin mors side så langt tilbage nogen vidste. Naboen i huset

Vejhuset i Løkken (Løkken Lokalhistorisk Arkiv)

Søren Stalden kom fra Ørum og havde giftet sig med Ane Hansdatter, som var vokset op i Furreby. Her havde de først slået sig ned, men var efter nogle år flyttet videre til Løkken. De to familier boede tæt og var tæt knyttet til hinanden[4].

Det at være fisker ude på havet var hårdt, og med tiden havde de kun udsigt til fattigdom. Den lokale fiskerdatter i Vejhuset Ane Marie vidste alt om dette. Hendes far havde været fisker, og i alderdommen endte begge hendes forældre deres liv som fattiglemmer[5]. Kystfiskeriets åbne små både var skrøbelige, når det blæste op i Skagerrak. I 1841 druknede således fire fiskere fra Løkken, mens de var ude på fiskeri. De var kommet væk fra de andre både og blev overrasket af en pludselig storm[6]. Den senere kendte afholdsagitator Lars Larsen voksede op i byen et halv hundrede år senere. Han skrev i sine erindringer om fiskerne i Løkken: "Fiskeren har sin egen Psyke, skabt af spillet i hans Tilværelse: Arbejde og Lediggang, der vexler under Hensyn til Vejr og Vind og Strøm, styrtende Held, der gør ham til Krøsus paa en Dag og for en Dag, lange Tiders Uheld, der nedsænker ham i dybeste Fattigdom - og saa det, at han af og til ser Døden vende det hvide ud af Øjnene og bestandig ved, at der kun er en Planke mellem ham og den vaade Grav"[7]. Når fiskerne var på havet, havde fiskekonerne på land deres del af arbejdet. De eller deres børn stod ved hjulbøren (trillebøren) med fisk og solgte til beboerne i land. En fiskerkone siddende på hanken af en hjulbør med fisk og et barn på skødet var et almindeligt syn i byen[8].

Jens Rakkeby og Ane Marie havde af uvisse årsager kun et barn datteren Ane Johanne, som de havde fået kort efter, de flyttede ind i Vejhuset. Ane Johanne blev senere mor til vores histories Jens Martinus, men mere om det senere. Som de fleste på den tid kom hun efter konfirmationen ud at tjene - i første omgang som tjenestepige hos sognefoged Lars Larsen Møller på gården Løkkesholm uden for byen. Efter nogle år kom hun videre til husmand Erik Christensen i Grønhøj ved kysten små syv kilometer syd for Løkken. Denne havde et par år før giftet sig til husmandsstedet med en 37 år ældre enke. Da enken nærmede sig de 80 år, havde de brug for en ung pige i huset til at hjælpe[9].

Til gengæld havde Ane Johannes forældrene hjemme i Løkken taget drengen Niels Henrichsen til sig som plejesøn. Historien bag dette var, at drengens far Henrich Bollesen i slutningen af 1834 var flyttet med sin familie til Løkken, hvor han blev sømand. Han døde pludselig i 1846. Enken giftede sig herefter med en 11 år yngre fisker og daglejer Simon Madsen. Hun døde imidlertid et par år efter. Simon Madsen giftede sig derfor umiddelbart efter igen. For at aflaste den nye familie i forhold til deres sammenbragte hjemmeboende børn, kom Simon Madsens stedsøn fra det tidligere ægteskab Niels i pleje hos Jens Rakkeby og Ane Marie. Der er den sammenhæng i dette, at Simon Madsen var halvbror til Ane Marie. Deres far havde - selvom han havde været gift i mange år på det tidspunkt - været sammen med en hjemmeboende 20 år yngre fiskerdatter i byen. Resultatet havde været den uægte søn Simon[10]. Det kan lyde kompliceret, men det lille samfund var fuld af den slags historier om sammenflettede familier og relationer. Praktisk håndtering kom før moral.

Alting ændrede sig dog radikalt for familien i Vejhuset, da Jens Rakkeby i foråret 1850 døde. Dødsårsagen angives som hold i venstre side[11]. Desværre er der ikke bevaret dødsattest. Umiddelbart vil vendingen forbindes med en diskusprolaps eller en skadet scene, men ingen af disse er dødelig i sig selv. Reelt kan det være alt fra slagtilfælde til indre skader. Den døde lå herefter i den åbne kiste i stuen indtil begravelsen. Her blev den lukkede kiste enten hævet og sænket tre gange ved dørtærsklen eller løftet ud af vinduet, så den døde ikke skulle komme tilbage "og gå igen". Endelig blev den kørt på hestevogn med følget gående bagefter de to kilometer til Furreby kirke. Slutteligt blev der holdt begravelsesgilde i Vejhuset[12].

Det at miste en families forsørger var dybt kritisk; ikke mindst for en fiskerfamilie, der ikke havde jord at tilbyde en ny yngre ægtefælle. Selvom de to familier i Vejhuset kort før dødfaldet havde udlejet en del af huset ud[13] og generelt hjalp hinanden, var de alle fattige og udsatte. Enken Ane Marie gik i en alder af 56 år en uvis skæbne i møde. Inden længe havde hun ikke mulighed for at forsøge plejebarnet Niels. Han kom derfor meget

Furreby kirke, 1930erne (Løkken Lokalhistorisk Arkiv)

tidlig ud at tjene. På få år havde drengen mistet begge forældre, derefter plejefar og endeligt hjem. På trods af den barske start på livet kom han dog til at klare sig. Han stiftede familie og slog sig ned i Løkken, hvor han først var rokkedrejer - hvilket vil sige fremstillede rokke ud af træ - og siden murer[14]. Helt anderledes gik det datteren Ane Johanne, der selvom hun ikke længere boede hjemme aldring kom sig over tabet af sin far!

Skjøt-Hanne

Ved første skiftedag efter sin fars død - i november 1850 og efter fire år i sin plads i Grønhøj - vendte Ane Johanne hjem til sin mor. Hun var dog mere en udgift end hjælp, så allerede det følgende forår kom hun igen ud at tjene - denne gang på herregården Børglum kloster[1]. Et sted der emmede af historie. Den var i middelalderen - som navnet siger - kloster og bispesæde, men kan spores helt tilbage til slutningen af vikingetiden som kongsgård. Den var lokalt magtcenter langt op i middelalderen og spillede en ikke ubetydelig rolle i det politiske magtspil - bedst kendt er i den forbindelse den farverige biskop Stygge-Krumpen i 1300-tallet. Efter reformationen blev klostret beslaglagt og ændret til kongeligt len. I 1669 blev det solgt som privat herregård, og her midt i 1800-tallet havde slægten Rottbøll overtaget den - ja faktisk ejer slægten stadigvæk Børglum kloster den dag i dag.

I 1851 - da Ane Johanne ankom - var Christian Michael Rottbøll godsejer på gården og boede i det gamle kloster sammen med sin husholderske, deres børn, en stuepige og en kokkepige samt en enkelt karl. Senere giftede han sig med husholdersken og gjorde hende lovformeligt til god-

Tegning af Børlum kloster 1880 (Historisk Arkiv Hjørring)

Malkepiger på Børglum kloster 1918 (Historisk Arkiv Hjørring)

sejerfrue. Selve den store herregård lå ved siden af klostret og blev styret af godsforvalter Georg Theodor Meyer. Der var her fast en snes tjeneste-karle og en håndfuld tjenestepiger - mellem sidstnævnte altså nu Ane Jo-hanne$_2$. Herregården leverede på denne tid først og fremmest korn til Norge, som blev udskibet på sandskuderne i Løkken i bytte for norsk tøm-mer.

Om tyendes arbejde på de større gårde på denne tid skriver senere formand i Socialistisk Ungdomsforbund Mikkel Christensen, der som ung var tjenestekarl på gårde i området: "Arbejdstiden var ganske vist forholdsvis kort om vinteren. For karle og drenge kun godt 8 timer på hverdage og 2-3 timer på helligdage. Men i den tid var der nok at tage fat på. Dyrene skulle passes, kor-net tærskes, med plejl, og viderebehandles, sneen holdes i ave, når den spærrede vejene eller hindrede færdsel på det hjemlige område, især brugen af hestegan-gene til hakkelsesmaskinen og kærnen. Alene tærskning af kornet krævede 2-3 mand i 3-4 måneder. Pigernes arbejdsdag om vinteren var betydelig længere. De måtte også benytte aftenerne, når lyset blev tændt i opholdsstuen, til at karte, spinde, sy og meget andet... Om sommeren var arbejdstiden for alle ca. 14 timer daglig. Da var det væsentlig markarbejdet, der lagde beslag på tiden". Det beskrevne var godt nok 30 år efter Ane Johannes tid på herregården Børglum kloster, men nok ikke under så forskellige forhold.

Om forholdene bag facaden mellem kønnene skriver Mikkel Christensen: "Jeg lærte efterhånden, at der under den overflade af kyskhed, der på bøndergårdene vistes udadtil, også fandt en ikke ringe seksuel tilfredsstillelse sted mellem kønnene, bare ikke åbenlys som på herregårdene"[3]. For Ane Johanne betød denne ikke ringe omgang mellem kønnene, at hun umiddelbart efter sin ankomst til Børglum kloster blev gravid. Det er ikke muligt at finde kilde til nærmere belysning af omstændighederne. Det var dog ikke med en på herregården. Et sandsynligt forløb kunne være: Den nye tjenestepige tog med nogle tjenestefolk ind til den nærtliggende købstad Hjørring for at more sig. Hjørring havde på den tid adskillige udskænkningssteder af brændevin. Her mødte hun den to år ældre Anton Andreas Garde Thorsøe, der var søn af en drejer fra Fredrikstad i Norge og dansk mor. Han var dog født og vokset op i Hjørring midtby. Efter at være blevet uddannet rebslager på havnen i Frederikshavn, var han nu tilbage i Hjørring, hvor han boede hos forældrene[4]. Jeg vil dog atter understrege, at der ikke er bevaret noget om det eksakte forløb.

Ane Johanne tog hjem til sin mor i Løkken. Det kan se ud, som det var hastigt, da hun hverken meldte flytningen til de lovpligtige myndigheder i Børglum eller i Furreby. Anton Andreas Garde Thorsøe tog på sin side til Hals nede ved Limfjordens udmunding i Kattegat. Her giftede han sig et par år senere, men han var øjensynlig ikke særlig stabil, så konen flyttede snart hjem til sin far. Herefter gik det ned af bakke for Anton Andreas, som endte livet som fattiglem på fattiggården i Hjørring[5].

Tilbage til Ane Johanne, der kort efter hjemkomsten fødte en søn, som ved dåben fik navnet Jens Martinus Antonsen. Og nej - det er ikke vores histories Jens Martinus, ham kommer vi til senere. Barnets navn

Jens var efter den nylig afdøde morfar Jens Rakkeby, og Martinus var et yndet brugt navn lokalt. Efternavnet havde Ane Johanne ingen indflydelse på, da lovgivningen på det tidspunkt pålagde præsten at bruge farens navn. Kun hvis faren var ukendt, fik barnet morens efternavn. Barnet var åbenbart ikke stærkt, så det blev hjemmedøbt efter tre uger og først døbt i kirken det kommende forår.

Fadderne ved dåben i kirken viser Ane Johannes tilhørsforhold. Det var blandt andet naboens ældste datter i Vejhuset - som Ane Johanne var vokset op med - og en fem år yngre fiskersøn Thomas Peter Jensen. Sidstnævnte var født og opvokset i Løkken. Han havde mistet begge sine forældre og boede nu hos en fisker, hvor han ernærede sig som sådan. Johanne kendte ham sandsynligvis gennem hans ven, som var storebror til det tidligere nævnte plejebarn i Vejhuset Niels Henrichsen. Mere om fiskersønnen Thomas Peter Jensen inden længe[6].

Ane Johanne boede herefter hos sin mor i Vejhuset med sin søn. De ernærede sig primært ved indtægten fra at leje en del af huset ud. Den tidligere omtalte lejer flyttede imidlertid det følgende år med sin familie, da han købte eget hus i byen. I stedet flyttede en ny lejer ind - en fraskilt tidligere gårdmand i Børglum nu tækkemand og daglejer Jesper Sørensen sammen med sin husbestyrerinde Maren Andersdatter og hendes datter. De fik kort efter en søn sammen. Husbestyrerinden havde haft en omtumlet tilværelse med skilte forældre, en stedfar der var fisker og druknede, og endelig havde hun fået et uægte barn med en gårdmandssøn. Slutteligt havde hun dog mødt Jesper Sørensen. Både Ane Johannes mor og naboparret Stalden var gamle og nedslidte. Den nye lejer Jesper Sørensen købte derfor efter kort tid huset, hvorefter Ane Johanne, hendes mor og ægteparret Stalden i stedet blev lejere hos ham[7]. Trods det ændrede forhold bestod det tætte sammenhold i Vejhuset.

Ane Johanne ernærede sig og barnet ved at spinde og binde garn for fiskerne, mens hendes mor ikke var i stand til at forsørge sig selv længere. I 1849 var indført en fattiglov, hvor fattighjælp var blevet en rettighed

Løkken set ned mod stranden ca. 1900 (Løkken Lokalhistorisk Arkiv)

i modsætning til tidligere, hvor man opererede med begrebet værdigt trængende. Fattighjælp var dog forbundet med en række sanktioner: Man skulle som modtager af fattighjælp søge om tilladelse til at gifte sig, ligesom man mistede forældremyndighed over børn og retten til at bestemme, hvor man skulle bo. Videre mistede man den i grundloven for nogle nyligt sikret ret til at stemme. Endelig var hjælpen ment som lån, som skulle tilbagebetales, ligesom alle ens ejendele kunne bortaktioneres og pengene tilfalde fattigkassen. Var man først blevet - som det kaldtes - fattiglem, var vejen ud af det næsten umulig. Ane Johannes mor Anna Marie blev fattiglem - eller som det ofte kaldtes på den tid almisselem. Hun fik i begyndelsen lov at blive boende, og hjælpen var i reglen i form af madvarer, brænde, tøj og i enkelte tilfælde lidt penge[8]. Der var dog kun til, at hun akkurat kunne overleve.

I denne svære situation blev Ane Johanne igen med barn. Hendes søn var da blot fire år. Denne gang var faren ikke et flygtigt bekendtskab i købstaden, men en lokal hun kendte ganske godt. Det var den tidligere nævnte fiskersøn Thomas Peter Jensen. Ane Johanne fødte i foråret 1856 en pige, som blev kaldt Margrethe Kirstine. Navnet var bestemt af faren, da Margrethe var efter hans mor, som han mistede som fireårig, og Kirstine var efter hans ældste storesøster, som blev en reservemor for ham i barndommen. Med hensyn til slægtsnavn var det meget enkelt, da begge barnets forældres efternavn var Jensen. Den nyfødte pige var dog ikke stærk, hvorfor hun blev hjemmedødt ugen efter fødslen. Hun døde kun godt to uger gammel$_9$.

Hvorvidt Thomas Peter Jensen havde tænkt sig at gifte sig med Ane Johanne og binde sig til to børn er uvist. Han stod for at realisere en livsplan for fremtiden. Sammen med en ven havde han gennem flere år sparet sammen til at bygge hus. Halvandet år efter hans og Ane Johannes datters død, opførte han sammen med vennen et dobbelthus lidt nord for Vejhuset - huset eksisterer stadig og kaldes i dag Hans og Mines hus. Kort fortalt blev han og Ane Johanne ikke gift, i stedet giftede han sig med en fem år yngre malerdatter. Selvom han åbenbart senere kom i pengeproblemer og måtte sælge huset, og senere igen mistede sin kone og blev gift igen, fik han åbenbart et hæderligt liv$_{10}$.

Tilbage til situationen i Vejhuset. Først døde den nye husejers og husbestyrerindes barn, derefter som ovenfor nævnt Johannes nyfødte datter og endelig døde husejeren Jesper Sørensen - alle inden for samme år. Selvom husejeren Jesper Sørensen og hans husbestyrerinde ikke havde været gift - og hun juridisk derfor ikke havde nogen rettigheder - overtog hun huset. Hun blev herefter lokalt kaldt Jespers-Maren eller mere præcist blot Jesper-Maren$_{11}$. Økonomien for alle husets beboere var presset. Ane Johanne boede med sin mor og søn uden at kunne tjene meget ved håndsysler, fattigkassen betalte kun til livets opretholdelse for hendes mor, og Søren Stalden var for gammel og slidt til at arbejde som tækkemand. Alligevel belv de alle boende en tid endnu i huset.

To år efter Ane Johanne mistede sin nyfødte datter, døde den nu seks et halvt år gamle søn Jens Martinus af skarlagensfeber. Hun havde dermed mistet sine to børn og måtte igen ud at tjene. Ved skiftedag i efteråret 1858 kom hun til Toftegård i Vredsted. Det var en større gård,

Toftegård i Vrendsted før 1912 (Historisk Arkiv Hjørring)

hvor sønnerne på gården hjalp som karle, og Johanne blev en af to tjene-stepiger. Vrensted var fra gammel tid kendt for smugkroer og problemer med at tiltrække drikkeri, hvorfor man kunne tro, at det kunne være et problem for en udsat kvinde som Ane Johanne$_{12}$. Det var imidlertid ikke her, at det næste problem opstod.

Det følgende forår hjemme i Løkken - da Ane Johanne havde fri til besøg hjemme - gik det endnu en gang galt. Denne gang var det med en halvt så gammel bare stor dreng Jens Sørensen, som på det tidspunkt blot var 15 år. Han havde haft en svær start på livet. Hans mor havde været ugift tjenestepige hos skolelæren i Brønderslev, da hun var blevet gravid med en voksen hjemmeboende søn på gården Boelskifte i landsbyen Al-strup en halv snes kilometer vest for Brønderslev. Barnets forældre hver-ken flyttede sammen eller blev gift, og moren blev med sin søn de næste fire år på skolen. Drengen kom herefter til den udlagte fars forældre som plejebarn. Her voksede han op uden sin mor og med sin far som en slags storebror. Med tiden overtog farens storebror gården, og drengen fortsat-te som plejebarn nu hos sin onkel$_{13}$.

23

Da faren endelig flyttede, købte han Mølgård i Løkken, hvor han blev gift og en driftig købmand. Han blev med tiden en kendt skikkelse i byen under navnet Søren Mølgård. Han etablerede et stort brændevinsbræderi nord for Furreby bæk, hvis brændevin lokalt blev berømt for at være betydelig bedre end folks egen hjemmebrændte. Han blev med tiden også teglværksejer og fik mange skibsanparter. Endelig var han den første i byen som forsøgte at anlægge have mellem klitterne med et stort stakit om. Det var dog ingen succes - alligevel blev den af de lokale kaldt Søren Jensens have. Han var ud over driftig også en ivrig mand, der altid gik med en kæp i hånden, og når han blev ivrig slog han løs med den. Det gav ham også tilnavnet Kæp-Søren[14]. I efteråret 1859 kom den unge Jens Sørensen til som tjenestedreng hos Søren Mølgård. Der var næppe nogen i byen der vidste, at husbond i virkeligheden var drengens far. Jens Sørensen havde kun været der et lille halvt år, da han var sammen med den ældre Ane Johanne[15].

Hun fødte i efteråret 1859 en søn på sit tjenestested i Vrensted, som fik navnet Niels. Kort efter ved skiftedag kom hun hjem til Løkken med barnet. Denne gang kunne hun dog ikke bo hos sin mor. I forbindelse med fattigloven i 1849 var det blevet pålagt sogneforstanderskab i hele landet at opføre fattighuse. På en tvangsaktion om sommeren havde Børglum pastorats fattigvæsen erhvervet et hus inde i Løkken, som de havde indrettet til fattighus. Både Ane Johannes mor og naboægteparret Stalden - som i mellemtiden også var blevet fattiglemmer - var blevet flyttet ind i det nyindrettede fattighus[16]. Ane Johanne boede derfor de kommende år hos enlige fattige kvinder. Der var en række sådanne i Løkken - enten enker eller forladt af mand - der for en stor del var knyttet til miljøet af fiskere. Mange af dem modtog hjælp fra fattigkassen, og de havde næsten alle uægte børn. I første omgang boede Ane Johanne øjensynlig hos den ti år ældre Gjertrud Marie Larsdatter. Hun havde alle forudsætninger for at forstå Johanne. Hun var som ung kone med små børn blevet forladt af sin mand. Først var hun blevet almisselem, siden ernæret sig ved spinding og binde garn, for nu at være vaskekone assisteret af sin

Søren Møgaard malet af Lars Nielsen (Løkken Lokalhistorisk Arkiv)

voksne datter. Undervejs havde hun fået et par børn til med mænd, som ikke holdt ved[17].

Ane Johannes nyfødte barn var - som hendes tidligere børn - svageligt og blev hjemmedødt straks efter hjemkomsten til Løkken. Senere på måneden blev dåben bekræftet i kirken med blandt andet onklen fisker Simon Madsen som fadder. For tredje gang mistede hun imidlertid et barn, da hendes nyfødte søn kun blev femten uger gammel[18]. Det følgende år mistede hun yderligere sin mor. Enken efter Jens Rakkeby Ane Marie Madsdatter døde i sensommeren 1860 som fattiglem i fattighuset i en alder af 72 år. Umiddelbart efter mores død blev Ane Johanne endnu en gang med barn, og i efteråret 1861 fødte hun datteren Ane Marie, opkaldt efter hendes mor. Hun hed godt nok Anna Maria, men blev som sagt aldrig kaldt andet end Ane Marie. Som far blev udlagt ungkarl Jens Sørensen tjenende på Hammelmose i Tise, som var en gammel stor herregård. Vi ved ikke, hvem han var, men det er ikke usandsynligt, at det var Købmanden i Furreby Søren Jensens uægte søn, som igen var far til et barn med Ane Johannes[19]. Da han forlod Løkken, forsvandt han nemlig sporløst, så reelt ved vi det ikke!

Da Ane Johannes datter blev hjemmedødt godt tre måneder efter fødslen, boede Johanne hos den ældre fiskerenke Mette Johanne Christendatter, som havde været enke i mange år. I begyndelsen havde denne ernæret sig ved spinding og binde garn, men hun havde det meste af tiden været almisselem. Hos hende boede også hendes voksne datter og dennes børn, der alle var under forsørgelse som fattiglemmer. På trods af Ane Johanne ikke boede mere i Vejhuset, var faddere ved dåben den tidligere nabo her Søren Stalden og dennes søn Niels Michael, samt Maren Andersen, der som tidligere nævnt overtog Vejhuset og blev kaldt Jesper-Maren. Hun boede nu i huset med sin datter, levede af spinding og udlejning af huset, som var blevet delt i tre lejligheder. De forsamlede i kirken viser, at det stadig var kredsen omkring Ane Johannes barndomshjem Vejhuset der udgjorde hendes omgangskreds og støttede[20].

Det er omkring denne tid, Ane Johanne gik fra at opretholde livet ved at sy, spinde og binde garn til at blive fattiglem[21]. Det er også omkring denne tid, at hun fik en egen særegne identitet. Øgenavne var udbredt i Løkken med navne som Kren-Lophave, Dreng-Kirstens og Drilling-Anders. Ane Johanne blev af alle kaldt Skjøt-Hanne. Det var faktisk så udbredt, at det blev brugt i officielle dokumenter - ligesom hun i folketællingen i 1870 blev kaldt Hanne Skjøt. Tilnavnet Skjøt stammede fra hendes slægt på mødrenes side, der som sagt alle så langt tilbage nogen kunne huske kom fra Løkken. Såvel Ane Johannes mor, mormor og oldemor havde båret det, selvom det havde været stavet og udtalt forskelligt fra Schjøt til den ældre form Schytte. Ane Johannes fars søn uden for ægteskabet fisker Simon Madsen blev ligeledes kaldt Skjøt-Simon, selvom han ikke selv nedstammede fra slægten med navnet. Selv kaldte han sig konsekvent Simon Schjøtt [22].

Et flygtigt bekendtskab

Skjøt-Hanne blev ved med at involvere sig med mandlige bekendtskaber. I sommeren 1863 var hun sammen med en anden forreven skæbne Jacob Peter Sørensen. Resultatet blev, at i krigsvinteren 1864 - mens de preussiske og østrigske soldater trængte op i landet - kom Jens Martinus til verden en kold februardag₁. Altså den Jens Martinus som denne bog handler om. Han var Skjøt-Hannes femte barn, og hun valgte at opkalde ham efter sin førstefødte, som var død af skarlagensfeber seks år gammel. Jens Martinus far var et af hans mors flygtninge bekendtskaber. Han var hverken spanier eller sømand, men hvem var han egentlig?

Jacob Peter Sørensen var født af splittede forældre og udviklede selv et splittet familiemønster. Hans forældre Søren Jacobsen Fristrup og Mette Pedersdatter mødte hinanden, da de var tjenestefolk i henholdsvis Hjortnæs og Søndervrå ikke langt fra hinanden. De fik et barn og blev efterfølgende gift. De flyttede ikke sammen i første omgang. Hans mor lejede sig ind med barnet hos bysmeden i Stenum, mens faren tjente i Skøttrup ud for Løkken. Siden flyttede de hjem til farens forældre i Fristrup ved Børglum, hvor de fik Jacob Peter - altså Jens Martinus far. Nogle år senere - da de fik deres tredje barn - boede de ikke længere sammen. Moren tjente som husbestyrerinde og boede hos en husmand i byen, mens faren fortsatte med at tjene langt fra familien₂. Ægteskabet fungerede tydeligvis ikke, og snart efter besluttede de at lade sig separere. Det blev søgt hos amtmanden og krævede en begrundelse. Det var ofte noget med alkohol, men kunne også være, at manden var væk fra kone og børn. Det var kun meget få, som på den tid søgte separation - for slet ikke tale om gennemført skilsmisse. Det lå simpel hen ikke i de sociale normer. Forældrene blev på trods af det separeret₃.

Jacob Peters far fandt efter en halv snes år en ung ugift kvinde med et barn inde i Hjørring købstad. Et nyt forhold uden ægteskab var socialt utænkeligt, og faren var trods separationen endnu gift. Selvom skilsmisse

Gård i Fristrup ca. 1900 (Lokalhistorisk Forening for Vedsted og Omegn)

som nævnt var uhyre sjældent på den tid, var det ikke umuligt. Det krævede parterne skulle være separeret i tre år, at der blev gjort et forsøg på mægling både hos en præst og amtmanden, samt en begrundelse som eksempelvis druk, mishandling eller manglende forsørgelse, men også hvis begge ægtefæller slet og ret var enige. Det kunne så ske ved dom i retsvæsenet med efterfølgende bevilliging af amtmanden - eller uden dom direkte ved kongelig bevilling behandlet gennem justitsministeriet[4]. Det lykkedes Jacob Peters forældre at blive skilt. Faren blev atter gift, slog sig ned i Hjørring, fik et nyt kuld børn og ernærede familien som arbejdsmand. Denne gang holdt han trofast ved til han døde i en alder af 54 år. Det lykkedes ham således at bryde det splittede familiemønster[5].

For alle andre end Jacob Peters far fik det brudte ægteskab dog store konsekvenser. Jacob Peters mor blev aldrig gift igen. En årsag kunne være, at hun i så fald først skulle betale den fattighjælp tilbage, som hun havde modtaget. Hun klarede sig ved spinning og indimellem som husbestyrerinde. Hun endte til sidst som fattiglem og døde i Hjørring købstad 82 år gammel[6]. Jacob Peters storebror Mikkel blev placeret af fattigvæsenet hos en husmandsenke i nærheden og kom herfra videre til en gårdmand, hvor han var fattiglemsbarn til han kom ud at tjene. Kort før han blev indkaldt til krigen i 1864, gjorde han en tjenestepige med barn. Det varede dog noget inden han kom hjem, idet han blev krigsfange i Magdeburg nede i Tyskland. Hjemme igen giftede han sig med pigen og fik flere børn. Han sluttede således med et øjensynligt rimeligt liv, men kun syv år efter krigen døde han i en alder af 37 år[7]. Rigtigt slemt gik det for Jacob Peters lillesøsteren Inger Marie, der i starten blev boende hos moren. Hun blev herefter ligesom broren placeret under forsørgelse af fattigkassen - først en kort tid hos en husmand, men inden længe var hun hos en barnløs husmandsenke, som ernærede sig ved sin jord, dagleje og plejebørn under fattighjælp. Her var hun, til hun i en alder af blot 25 år gjorde selvmord ved at hænge sig[8].

Jacob Peter selv var født hos bedsteforældrene, hvor han efter separationen blev placeret som plejebarn forsøget af fattigkassen. Her var han til han som 16-årig kom ud at tjene. De følgende år tjente han på gårde i området. På en større gård i Hallund mellem Brønderslev og Dronninglund tjente han sammen med en to år ældre tjenestepige, som han gjorde med barn. Et par måneder efter fødslen blev de gift. Det gik dog som med hans forældre, hun flyttede ind hos en aftægtskone og ernærede sig og barnet ved håndarbejde, mens han fortsatte som tjenestekarl på gården. Det forhindrede ham dog ikke i at gøre hende med barn igen. Inden barnet blev født, var han imidlertid draget videre og blev tjenestekarl på Børglum klosters herregård. Som i hans forældres tilfælde søgte hans kone nu separation. I mellemtiden under opholdet på herregården - sandsynligvis en friaften på et af de mange udskænkningssteder i Løkken - mødte han Skjøt-Hanne[9].

Da han efterfølgende blev udlagt som barnefar, reagerede han ved at opsøge sin fraseparerede hustru - der stadig boede i Hallund med børnene og blev forsøget af fattigkassen - og gøre hende med barn endnu engang. Han fortsatte dog med at bo og tjene på gårde langt fra kone og børn. Han fortsatte også med at besøge hende, selvom hun og børnene kom på Hallund fattighus i begyndelsen af 1870-erne. De fik en efternøler så sent som i 1874. Han var også fraværende ved deres ældste søns konfirmationer med forklaringen, at han var bortrejst. I begyndelsen af året 1876 boede han i Vrejlev ved Hjørring, da han atter besøgte konen. Han havde da koldbrand, som under besøget blev forværret af diarre, eller måske kom han, fordi han havde diarren. Efter fire ugers lang diarre endte sygdommen med at tage livet af ham. Året efter døde hans kone af tuberkulose[10].

Intet tyder på, at Jens Martines nogensinde mødte sin far. Yderst sandsynligt vidste han ikke, hvem han var. Alligevel udviklede Jens Martinus samme rasløshed og rodløshed som faren og den familie faren var rundet af.

Rendestenssnagerne

Jens Martinus blev ikke hjemmedøbt som sine tidligere nu afdøde søsken-de. Det kan ses som et tegn på, han fra fødslen var stærkere end dem - om alt andet blev han med tiden både fysisk stærk og sund. Som faddere til hans dåb i kirken var stadig hans mors Skjøt-Hannes omgangskreds fra barndomshjemmet Vejhuset, dets nuværende ejer Jesper-Maren og hans bedsteforældres plejebarn Niels Henrichsen - med tiden konsekvent om-talt som Niels Henriksen. Derudover var faren til hans mors andet barn Thomas Peter Jensen fadder, hvilket viser et sammenhold, der ikke blev slået i stykker af, at han ikke dengang giftede sig med hende. Endelig var en datter af den vaskekonen, som moren boede hos, da hun kom hjem til Løkken fra Vrensted med et dengang nyfødt barn. Fadderne var således alle fra hans mors fortid[1].

Allerede da Jens Martinus blev født, var hans mor fattiglem. Fattig-lemmer kom enten på fattighuset eller blev udliciteret til indkvartering i hjem, hvor det kunne gøres billigst. Den spæde Jens Martinus og hans mor blev placeret i et privat hjem midt i byen. Det var et sammenbygget hus, der bestod af fire individuelle beboelser. Husets ejer fisker Ole Chri-stian Nielsen boede i en del af det med sin familie, mens de tre andre be-boelser var udlejet til fattigkassen. Ud over Jens Martinus og hans mor boede her en arbejdsmand med kone og en voksen datter, samt enken Maren Nielsen med sin voksne søn og yngre datter[2].

Her indledte Jens Martinus mor Skjøt-Hanne og naboen Maren Ni-elsens voksne søn - den otte år yngre Lars Jensen - et forhold, og med ti-den flyttede han ind hos hende. Han hed rigtigt Laust, men blev aldrig kaldt andet end Lars. Historien om ham var: Han var født i Hundelev ved Jelstrup som uægte barn. Hans mor giftede sig siden med en ældre ar-bejdsmand og flyttede til Vrensted. Da stedfaren døde, flyttede moren som mange andre i hendes situation med børnene til Løkken, hvor det var lettere at begå sig som fattig enlig enke med børn. De første år ernærede

Løkken 1887-89 (Løkken Lokalhistorisk Arkiv)

hun sig ved spinning og binde garn, men snart var hun og børnene blevet fattiglemmer. På mange måder en klassisk historie i byen[3]. Resultatet af forholdet mellem Skjøt-Hanne og Lars Jensen blev, at hun i december 1866 fødte en lillesøster til den da toårige Jens Martinus. Barnet fik navn efter sin afdøde storesøster og dermed også mormor Ane Marie. Faddere ved lillesøsterens dåb var en fisker Søren Peter Jensen, som året forinden var blevet gift med Jesper-Maren fra Vejhuset, plejebarnet fra huset Niels Henriksen, samt Jens Martinus mors onkel fisker Skjøt-Simon[4].

Hvad var det for et Løkken, som drengen Jens Martinus voksede op i, og hvordan oplevede han det? H.C. Andersen skrev om den i sin dagbog i 1859: "… det er en Flække, i Afstand næsten halv saa stor som Skjelskør, nærmest mindre, da Gaderne er meget brede og med dybt Sand; Husene have Tegltag og er byggede helt op til Klitterne, vi hørte Havet bruse; der er flest fattige folk, som bor her"[5]. Forfatteren Meïr Aron Goldsmith beskrev byen på en rejse hertil nogle år snere i 1865: "Røde Tage fra flere høje Bygninger (Magasiner) skjuler Horisonten; det saa ud til at være en anselig By. Men i Gaderne ligger Sanddynger, der hist her nysgerrig løfter sig op mod Vinduerne i et Hus og synes ifærd med at stige ind. Ret egentlig talt er der ingen Gader. Alt ligger spredt paa en Sandmark, Vejene derimellem ere en Labyrinth, der under Tiden udvider sig til en lille Kartoffelmark, en Mødding eller en Tørreplads, hvor paa Snore hænger den yndede Fisk Haar, en Slags Haj. Befolkningen synes at være bleven gnaven af at gaa i det dybe Sand; den hilser ikke og seer ikke mildt som Blokhusfolk"[6].

En mere dybdegående beskrivelse leveres dog af Hilbert Grønbech - der dog var født tyve år efter Jens Martinus. Han skriver i sine erindringer om sin barndom i Løkken: "Byen bestod i min barndom af lave en-etages huse; kun de store pakhuse og afholdshjemmet rejste sig i flere etager. Amtsvejen, der snoede sig gennem byen, var belagt med skærver, medens alle andre veje og smøger om vinteren var vandfyldt ælte og om sommeren fulde af flyvesandbunker. Flere steder i byen havde flyvesandet dannet små klitter, der var tilvokset med marehalm. Husene lå på et par enkelte steder nær spredt uden plan, og smalle stræder snoede sig mellem dem, kantede af mere eller mindre indhegnede affaldsmøddinger, der næsten altid var så overfyldt, at jernaffald, potteskår og fiskehoveder flød overalt. Til alle købmandsgårdene hørte landbrug, og disses staldmøddinger var med til, sammen med fiskeaffaldet og de tjærede redskaber at skabe en særlig luft i byen, som vestenvinden dog fejede væk størstedel af året"[7].

Kom man ind bag facaden, var Løkken på den tid dog en ret så livlig by - ikke mindst på grund af skudehandlen. Der var mere end en halv snes udskænkninger af brændevin og øl, hvor der ofte blev drukket igennem. Det var således ikke et ualmindeligt syn, at byens drenge bar en døddrukken far hjem på en stige. Når deres mor gik foran med en lygte om natten, har sådan et optog virkelig været et særegent syn. For dem der selv slingrede hjem i mørket, kunne byens drenge til gengæld finde på at spænde reb over vejen på særligt mørke og mudrede steder, så den fulde væltede om i sølet. Blev han liggende, kunne så de finde på at slæbe ham hjem og smide ham foran konen i entreen i håb om en lille skilling.

Børn ved Furreby Bæk i Løkken ca. 1912 (Løkken Lokalhistorisk Arkiv)

Byens fiskere og søfolk - som Jens Martinus mor var knyttet til - kom mest hos Maren-Blæs, som holdt udskænkning af halve og hele pægle brændevin samt mjød og kager. Fiskere og bønder holdt sjældent til på samme udskænkningssteder. En undtagelse var Madam-Glistrups beværtning, hvor der blev holdt legestuer (fester) med fulde huse. Ud på aftenen endte det næsten altid med, at søfolk og fiskere udkæmpede større slagsmål med karle fra de forskellige kømandsgårde allieret med svende fra byen. Så gik dansen i stå, og de forsamlede omringede de kæmpende, hvilket ofte førte til en lussing til en af tilskuerne i kampens hede. Det førte dog sjældent til mere end en blodig næse og tilsølet tøj. Bagefter fortsatte dansen ufortrødent. Byens drenge overværede ofte med stor fryd slagsmålene, og her kan den lille Jens Martinus have fået sin første inspiration til slagsmål. De ældre kvinder kom også med tørklæde om hovedet for at se på dansen og udveksle sladder. Så kravlede drengene ind mellem dem og fæstede deres skørter sammen med fiskesnøre med en krog i hver ende.

Jens Martinus har givetvis også set op til de større drenge, der holdt til omkring købmandsgårdene. Her kunne de ved at bære kornet fra vognen op på købmandens kornloft tjene en firskilling - sjældent mere. Det var dog ikke alle landboerne, der var velsete af drengene. Nogle blev fulgt ud af byen med stenkast eller om vinteren snebolde, ligesom drengene kunne finde på at tjære agestolen på hestevognen, så bondens bukser klistrede fast til den[8].

Da Jens Martinus nåede skolealderen måtte han passere den ikke helt ufarlige Furreby Bæk for at komme til skolen i Furreby[9]. Hvordan det var i skolen, giver tidligere nævnte kendte afholdsagitator Lars Larsen et godt billede af i sine erindringer. De er godt nok fra en snes år efter Jens Martinus gik der, men det dækker nok meget godt: "Der gik to Slags Børn i Furreby Skole. Bønderdrengene (Grødæderne, kaldte de andre os) og Fiskerdrengene (Rendestenssnagerne, hed de). De saa ned på os, fordi vi ikke kendte Forskel paa Brig, Skonnert og Bark og ikke anede, hvad de forskellige Sejl paa en skude hed, og vi saa ned paa dem, fordi de havde Ringorme og talte et særligt

Furreby bæk med skolen i baggrunden 1913 (Løkken Lokalhistorisk Arkiv)

Kaudervælsk: "a haa fæk" (i stedet for faaet), "Faatsylt" (et hjemmestrikket Ord for forkølet, der paa vendsysselsk heder at have Klud). Den mest iøjenfaldende Forskel paa os var dog vel nok, at Løkkendrengene var de mest uregerlige. At de aad tørre Rødspætter i Timen, var kun en ringe Ting, Værre var det, at adskillige skraaede og forsigtigt lagde Skraaen foran sig paa Bordet, naar de skulle læse"[10].

Der er ikke tvivl om, at Jens Martinus var Løkkendreng og knyttet til fiskerdrengene. Først og fremmest måtte han dog kæmpe hårdt i hierarkiet af drenge, da han før noget andet var fattiglemsbarn. Han nåede dog kun at gå et halv år i skolen, så ændrede hans liv sig brat!

Fattiggården

I en alder af blot syv år ankom Jens Martinus den 4. december 1871 til Skøttrup fattiggård medbringende sine få klæder: En nattrøje, en kasket, et par lagner, et par strømper, en skjorte og et par træsko. Børglum-Furreby sogneråd havde indlagt ham (hvilket var det udtryk, der brugtes for at anbringe fattiglemmer på en fattiggård) adskilt fra sin mor og søster, samt alle han kendte i Løkken. De følgende år fik han suppleret sine sparsomme klæder - ofte med aflagte ting fra andre på fattiggården. Han sled øjensynligt grundigt sine træsko, for han fik mere end et par om året de første år[1]. En dreng der var på fattiggården lidt senere Svend Aage Frederiksen fortæller om børnenes beklædning: "Vi gik altid i træsko og havde lange hoser (strømper) på. Om det var var sommer eller vinter, havde vi altid korte bukser på. Men vi havde et livstykke (en slags korset) på, som vi kunne fæstne hoserne i. På overkroppen havde vi en skjorte, og når det var koldt en striktrøje. Hvis vi skulle have nyt tøj, skulle vi altid spørge bestyreren, der så kontrollerede om det var rimeligt"[2].

Skøttrup fattiggård ca. 1915 (Løkken Lokalhistorisk Arkiv)

Årsagen til sognerådet besluttede at anbringe ham her, fremgår ikke af protokollerne. I fattiggårdens regulativ beskrives formålet med fattiggården, at forsørge kommunens egne fattige på en "tilstrækkelig måde", hvor fattiglemmerne skal arbejde for at dække en del af udgiften. Et højt prioriteret formål var at stoppe betleri, hvorfor gentagen tiggeri kunne føre til tvangsindlæggelse. Derudover kunne ældre, som ikke var i stand til at klare sig selv, og børn som havde brug for at gøres til nyttige medlemmer af samfundet, anbringes. Anbringelsen blev afgjort af kommunen. Et bud på Jens Martinus anbringelse kunne være, hans mor ud over fattighjælp til sig selv havde søgt om hjælp til sin søn, hvilket kan være blevet set som, hun ikke kunne forsørge ham. Det kunne også være, han trods sin unge alder havde været utilpasset i forhold til lokalsamfund[3].

Hvad var det så for et sted, han kom? Baggrunden for Skøttrup fattiggård var, at fattighuset i Løkken var brændt i januar 1868, hvorefter sognerådet det følgende år besluttede at opføre en fattiggård i den lille landsby Skøttrup godt tre kilometer uden for Løkken. Den blev bygget på et jordstykke, som kommunen købte af godsejer Rottbøll på Børglum Kloster. Til gården købtes yderligere cirka 50 tønder land af gårdene i nærheden, som skulle drives som landbrug af fattiggården ved hjælp af fattiglemmernes arbejdskraft. Årsagen til opførelsen af fattiggården var, antallet af fattige i Løkken voksede voldsomt i disse år. Det var ikke et lokalt fænomen, over en periode på 30 år frem til 1890 blev bygget 300 fattiggårde i hele landet. Årsagen til den stigende fattigdom på denne tid var eftervirkning af krigen i 1864, faldende kornpriser i landbruget og stigende folketal[4].

Gården var en traditionel firlænget gård, dog med et meget stort stuehus med plads til 49 fattiglemmer samt bestyrers familie og ansatte. Med hensyn til antallet af fattiglemmer blev efter et amtmandsbesøg i 1878 dog fastsat en maksimal belægning på 31 lemmer. Bestyrer og ansatte udgjorde i 1870 ni personer. Bestyrerens lejlighed lå centralt, så han havde let adgang til lemmerne og oversigt over både, hvem der kom og

Skøttrup fattiggård grundtegning (Furreby-Børglum sognekommune) gik, samt hvad der foregik på gårdspladsen. I den søndre længe var sko-lestue, rum med ovn til bagning, tørvehus og arrest. Sidstnævnte viser, at der kunne tages hårdere midler i brug for urolige indlagte lemmer. I den nordre længe var gårdens besætning og ligstue (hvor de døde blev lagt, indtil de blev kørt bort). Den sidste længe var laden. En senere bestyrers kone Margrethe Madsen beskriver gården: "I den sydlige ende af stuehuset boede fortrinsvis de gamle og mod nord dem vi kaldte fattiglemmerne. Det var kun trægulve i en eller to stuer i sydenden af gården samt i bestyrerens værelse. De øvrige gulve på gården var af sten, dog var der i gangen i nordenden af huset to fjeller (planker) i midten og så sten for resten. I værelserne var der gammel-dags halmsenge, der blev skiftet hver tredje uge... De enlige kvinder med børn havde hver deres værelse, men ellers var man to af samme køn om et værelse... På værelserne var der foruden halmsengene et fast bord og enkelte stole samt i nogle få værelser skabe... Tjenestefolkene havde deres egne værelser"[5].

Hvordan var der at være på Skøttrup fattiggård? Der er ikke nogen øjenvidneberetninger fra 1870erne, men en dreng Senius Sørensen som gik til præst der 30 år senere mindes: "De forhold lemmerne havde på fattig-gården er de mest elendige, jeg nogensinde har set, og jeg har aldrig og vil aldrig glemme, hvordan de levede. Der var mange gamle mennesker og rigtig mange in-valide. Vi så, hvordan åndsvage gjorde rent ved grisene og havde lort langt op af benene, og gamle udtjente mennesker, der hjalp med at tæske korn ude i laden. Det foregik med plejle (to stokke forbundet af et stykke læder), og der var så stø-vet, at de dårligt kunne se hinanden. Når de skulle spise, blev de bare bænket op ved langbordet i spisestuen uden at blive vasket, men sad bare sorte og beskidte og lugtede af både det ene og det andet. Nogle kunne dårligt nok selv spise, men der var ikke nogen der hjalp dem". Han fortæller videre: "Boligforholdene var meget dårlige, og om vinteren var det ulideligt koldt. Det var en meget stor gård, jeg tror, at der var omkring 50 tdr. land, som bestyrer og en karl skulle drive. Men lemmerne blev også sat til arbejde. F.eks. havde gården en hestegang. Her skulle en invalid hjælpe til. Han kunne dårligt gå og klarede det kun ved at støtte sig til hesten"[6]. En forskel fra den her beskrevne tid var dog, at i fattiggårdens tidlige år i 1870erne var en overvægt af børn og yngre, mens der senere kom en overvægt af ældre[7]. Det var således masser af børn for Jens Martinus at lege med - når han altså ikke lige skulle gå i skole eller arbejde.

Der var som sagt indrettet lokale i den søndre længe af fattiggården til skolegang. Det vides ikke, om det kun var gårdens egne børn eller om også børn fra den nærmeste omegn, der gik der. Børnene inde i Løkken gik som sagt i Furreby skole. Den første lærer efter gårdens ibrugtagning forlod gården efter blot et år, og lærerinden som overtog efter ham blev kun et halvt år. Den følgende mandlige lærer, havde Jens Martinus mindre end en måned, så forlod han stillingen. Det ser herefter ud som, fattiggården stod uden lærer et halvt år frem til lærerinde jomfru Jensen tiltrådte. Hun blev imidlertid kun mindre end et år. Fra maj til september 1873 var der øjensynlig ingen lærer. Herefter kunne Jens Martinus endelig gennem to år opleve lidt stabilitet, da en unavngiven lærerinde var ansat fra september 1873 til oktober 1875. Herefter er der i kassebogen ikke anført

Fattiglemmer på Skøttrup fattiggård 1920 (Løkken Lokalhistorisk Arkiv)

lærerlønninger, det vides ikke, om de blev anført andetsteds, eller om undervisningen på gården ophørte. Det vides dog, at børnene på fattiggården senere gik i skole sammen med børnene fra Løkken i Furreby skole. Jens Martinus skolegang var således voldsomt udfordret, alligevel ved vi, at han trods alt lærte at læse og skrive[8].

Det med stabil skole, fordi en lærerinde var der lidt længere, kunne dog være relativt. Tidligere nævnte dreng på fattiggården Svend Aage Frederiksen fortæller: "Til at begynde med gik jeg i skole hver dag. Men da jeg blev 8 år, kom jeg ud at tjene som "høwwer" (hyrdedreng) på en nabogård. Der var jeg fra maj til november. I den periode boede jeg på nabogården og gik kun i skole mandag og torsdag ... Min arbejdsdag startede kl. 5 om morgenen, og jeg

Spisnig på fattiggården - her Kværkeby fattiggård.

Bestyreren til venstre med indlagte fattiglemmer foran Skøttrup fattiggård
(Løkken Lokalhistorisk Arkiv)

var ikke færdig før kl. 21". De fleste arbejde nok ved gårdens brug, men som drengen ovenfor arbejde nogle for gårdene omkring. Det var lovligt at udleje fattiglemmerne, når det ikke var mod deres vilje. Ordningen blev dog misbrugt og senere forbudt. Hvad Jens Martinus lavede, ved vi ikke, men som alle børnene på gården skulle han fra en meget ung alder arbejde[9].

Kosten på fattiggården var yderst ensformig. Ifølge kostreglementet fra 1870 var middagsmaden skiftevis byggrød eller bygvælling og grønkål - sidstnævnte dyrkede fattiggården selv i rigelige mængder. Om lørdagen fik de dog øllebrød. De øvrige måltider var mest brød - om aftenen altid med mælk at dyppe i. Hygiejnen var yderst sparsom. Toiletterne var et skur med et bræt og en spand nord for stuehuset. Der var koldt om vinteren og stank hele året. Der var ikke vaskerum, men kun koldt vand fra pumpen i gården. Mange havde spytbakker til skråen, men det var ikke altid, de ramte. Der var mange rotter på fattiggården. De holdt især til i køkkenaffaldet ved bryggerset, men løb også mellem benene på lemmerne. Sygdom og dødsfald var almindeligt. I 1877 døde ikke mindre end

Skøttrup fattiggård efter den er blevet til Skøttrup Østergård - her i 1946
(Sylvest Jensen Luftfoto - Det Kongelige Bibliotek)

seks lemmer - fortrinsvis gamle svagelige. Alene i november døde tre her-af en lille pige. De døde blev først lagt i fattiggårdens ligstue, herefter blev de efter tidligere tilknytning kørt på fattiggådens hestevogn enten til Børglum kloster kirkegård eller Furreby kirkegård. Det var almindelig praksis, at de dødes tøj herefter blev givet videre til andre lemmer[10].

Vi kan ikke sige så meget om, hvordan Jens Martinus oplevede tiden på fattiggården. Drengen Svend Aage Frederiksen fortæller dog om at være barn på gården: "Når vi legede, skulle vi passe på ikke at blive for støjen-de. Hvis vi lavede for meget larm, kom bestyreren efter os. Han var hård ved os. Det kunne nemt ske, at vi fik en lussing af ham. Det var bestyreren, der bestemte det hele på gården. Hvis vi skulle nogen steder, skulle vi altid spørge ham. Jeg kan huske, at jeg en gang uretmæssigt fik skyld for at have smadret en rude. Bystyre-ren ville have mig til at indrømme det. Da jeg vidste, at det var hans egen søn, der havde gjort det, ville jeg selvfølgelig ikke indrømme noget. Jeg fik så en ordentlig

46

omgang. Det glemmer jeg aldrig". Han tilføjer: "Jeg har også set, at bestyreren har slået på de voksne"[11].

Der var én voksen på fattiggården, som Jens Martinus vidste hvem var. Gamle Søren Stalden - naboen fra hans mors barndomshjem Vejhuset. Denne var allerede da Jens Martinus blev født blevet enkemand. Han havde siden været en af de første til at flytte ind i det tidligere fattighus. Da fattighuset brændte, blev han logerende fattiglem hos en skrædder i Løkken, inden han i en alder af 74 år kom på Skøttrup fattiggård i foråret 1871. Som de fleste gamle på stedet blev han der, til han i alder af 90 år døde i 1887. Det har ikke usandsynligt været en lille holdepunkt for Jens Martinus[12].

På fattiggården var Jens Martinus kun kendt under øgenavnet Skøt-Jens. Det gjaldt også i sognerådet og blandt de lokale i Løkken. Måske blev han allerede kaldt det før, men det er på denne tid, at det konsekvent bruges. Navnet kom selvfølgelig af, at han var Skjøt-Hannes søn[13].

Femten slag rotting

Efter konfirmation forlod børnene normalt fattiggården og kom ud at tjene. Det gjaldt også Skjøt-Jens, som blev konfirmeret i Furreby kirke i foråret 1878. Præstens vurdering af konfirmander siger normalt i sig selv ikke ret meget, men denne gav ham blot middel i kundskab, hvilket var lavere end de øvrige konfirmander - også lavere end de andre fattiggårdsbørn. Vurderingen skyldtes næppe opførsel, da præsten gav alle standardvurderingen meget god. Skøt-Jens blev senere i nogle sammenhænge vurderet som godt begavet, så det kunne være præstens uvilje mod drengen. Konfliktbetonet adfærd blev i hvert fald et gennemgående træk i hans videre liv. Det kan selvfølgelig også bare være, at han var ukoncentreret eller ugidelig[1].

De følgende par år tjente Skjøt-Jens på gårde i omegnen som tjenestedreng. Det er rimeligt sikkert i denne periode, han stabilt havde tjeneste samlet et sted i halvandet år. Han var en tid på den gamle store Vestrupgård nede ved Saltrup - muligvis var det her. Derudover ernærede han sig en tid ved at tage med fiskerne ud på havet. Mere detaljeret viden om hans færden i perioden er desværre ikke mulig. I begyndelsen af 1880 boede han en kort periode hos sin mor i Løkken. Moren Skjøt-Hanne boede stadig i langhuset midt i byen sammen med Lars Jensen. Dennes mor enken Maren Nielsdatter og hendes nu voksne datter Ane Jensine boede også stadig i huset, mens Skjøt-Hannes onkel Skjøt-Simons enke var flyttet ind i den sidste lejlighed. Alle levede de af fattighjælp. Skjøt-Jens lillesøster Ane Marie var på dette tidspunkt netop blevet anbragt på Skøttrup fattiggård, som led i hendes konfirmationsforberedelse året efter[2].

I efteråret 1880 var Skjøt-Jens i en alder af seksten år nede i den sydlige del af Vendsyssel. Den 1. november tog han her tjeneste hos Søren Madsen på en lille gård i Fristrup by sydvest for Aabybro. Hans konfliktfyldte adfærd betød dog, han hurtigt kom på kant med sin husbond. Allerede den 18. november blev de enige om at afslutte ansættelsen. Ef-

49

terfølgende blev de uenige om betalingen. Skøt-Jens mente Søren Madsen skyldte ham fem kroner, som denne ikke ville betale. Da Skjøt-Jens sidst på måneden igen kom forbi for at bede om pengene og ikke fik dem, blev han så ophidset, at han stjal en frakke. Han bevægede sig dermed ind i en adfærd, som han næppe kunne overskue[3].

Nogle dage efter tog han op til ovenfor omtalte Vestrupgård i Østrup lige syd for Saltum, som han kendte rigtigt godt fra sin tid der. Det er ikke usandsynligt, han ville søge tjeneste. Proprietær Hans Thorlund Hassel-balch var imidlertid død året før, og i stedet for en stor bedrift med op mod en snes tjenestefolk på gården, levede enken nu af indtægten ved at forpagte bedriften ud og havde kun en enkelt tjenestepige. Enken boede i stuehuset med sin datter og dennes børn og brugte daglejere til løse job på gården. Skjøt-Jens fik dog lov at spise med ved middagsmåltider[4].

Den tredje dag Skjøt-Jens var på gården, tærskede daglejen Niels Christian Nielsen fra Nørre Saltrup korn der. Han var en fattig indsidder og oprindelig murer, men mangel på fast arbejde gjorde han gik som dagle-jer. Det gav dog så lidt, at han og hans familie derudover levede af fattig-hjælp. Under det hårde arbejde med plejlen (redskab til tærskning af

Vestrupgård 1917 (Egnssamlingen Saltum)

50

korn, bestående af to stokke forbundet med et stykke læder), hang han sin hue inde i stalden. Ved middagstid inviterede proprietæren (sandsynligvis enken på gården) Skjøt-Jens til at spise med folkene, hvilket han takkede nej til. I stedet gik han ind i stalden for at drikke noget og tog her huen med sig. Det var en blå klædehue med opslag rundt om siderne, som kunne slås ned om ørene. Skyggen var af pap belagt med blåt klæde. Han skjulte huen og forlod gården₅.

Han forlod imidlertid ikke området. Den følgende søndag besluttede han at besøge en gammel aftægtsmand Christen Clemmesen i Faarup vest for Saltum, hvor han plejede at komme, da han i sin tid tjente på Vestrupgård. Denne var en 82-årig gammel svækket enkemand, der boede alene. Skjøt-Jens havde ikke noget ærinde, men søgte ly for det kolde vejr og - uden direkte at tigge - mulighed for at få noget at spise. Den følgende dag - nærmere bestemt mandag den 13. december - gentog han fra formiddagen besøget, nok i håb om den gamle ikke afviste ham. Han mærkede imidlertid, at det ikke var velset. Under besøget fik han i stuen øje på et gammelt vægur med romertal, som kunne trækkes op med en nøgle og slå timeslag. Han fik indskydelsen, at han havde lyst til at stjæle det.

Da den gamle kort efter havde fulgt ham ud af huset og selv gået ud i stalden for at vaske et bassin, vendte Skjøt-Jens tilbage og gik ind i stuen og tog uret ned fra væggen. Han havde imidlertid ikke forudset, at dette medførte et værre spektakel fra uret. Den gamle hørte larmen og gik tilbage til stuehuset, hvor døren stod åben, men stuen var tom. Han kunne nu høre spektakel fra uret udenfor og fulgte lyden tilbage til stalden. Da han kom til stalddøren, blev den holdt fast indvendig fra, og da den gamle gik om på den anden side af stalden for at komme ind der, så han Skjøt-Jens løbe bort fra huset. Derefter gik han tilbage til sin lejlighed og konstaterede, at uret på væggen var væk. Skjøt-Jens havde måske troet, han kunne slippe afsted med tyverierne af frakken og huen, men nu han var godt klar over, han nu skulle væk fra området. Han gik straks hjemad mod Løkken₆.

Den følgende dag anmeldte den gamle aftægtsmand Christen Clemmesen tyveriet til myndighederne. De lokale kendte Skjøt-Jens som drengen fra Løkken, så der blev straks sendt bud til politikredsen der at finde og anholde ham. Med hensyn til politikredse - som i landområder kaldtes herreder - lå Faarup i Hvetbo herred, mens Løkken lå i Børglum herred. De to politikredse stødte dog op til hinanden. Det tog ikke ret lang tid for myndighederne i Børglum herred at finde og anholde Skjøt-Jens. Han blev herefter sendt til og ankom til Hvetbo herreds arrest i Blokhus den 18. december klokken 10 om aftenen, hvor han blev indsat. Arresten lå sammen med herredskontoret i den bindingsværksbygning som endnu eksisterer og kaldes Kancelligården. Kancelliet var et andet navn for dommer- og politimyndighed. Arresten var en række små rum aflåst med hængelåse. Forfatteren Meïr Aron Goldsmith beskrev godt en halv snes år tidligere på sin rejse i området et af rummene, som et lille rum på "omtrent ni Alen i Kvadrat (altså mellem 5 og 6 kvadratmeter), en Bænk, der skjulte et Dejtrug til at sove i, et lille Vindue med Jernstænger for". Arrestanterne var for de flestes vedkommende karle, som ikke kunne betale deres alimentationsbidrag - altså børnebidrag[7].

Daglejen Niels Christian Nielsen - der havde fået sin hue stjålet på Vestrupgård - havde godt nok også dagen efter tyveriet meldt det til myndighederne. I hans tilfælde mistænkte myndighederne dog kun Skjøt-Jens, fordi han havde været i stalden og afslået tilbud om at spise med. Derfor blev det kun til en forespørgsel, om han havde stjålet huen. Da han nægtede, skete der ikke mere i første omgang i denne sag. Derfor blev de to anmeldte sager i begyndelsen ikke behandlet sammen. Med hensyn til tyveriet af frakken, er ikke bevaret bilag om anmeldelse, men den blev taget op allerede ved første møde i politiretten[8].

Den 22. december 1880 blev Skjøt-Jens fremstillet for politiretten i Hvetbo herredskontor i Blokhus. Den forurettede aftægtsmand Christen Clemmesen afgav her forklaring om tyveriet af hans ur. Han ønsker det tilbage, men han ville under ingen omstændigheder have erstatning, for som han udtrykte det: "... da det nok intet kan nytte". Han bad i øvrigt in-

Kancelligården i Blokhus, 1920erne (Egnssamlingen Saltum)

derligt sig fritaget for at møde mere i retten på grund af sin høje alder. Skjøt-Jens på sin side erkendte tyveriet og bekræftede den gamles forklaring af forløbet. Som motiv angav han blot, at det var en pludselig indskydelse, at han fik lyst til at stjæle uret og ikke havde nogen plan. Han forklarede også, at han på ingen måde havde forudset, at uret ville larme ved nedtagning. Med hensyn til tyveriet af frakken forsvarede Skjøt-Jens sig med, at det var fordi hans tidligere husbond ikke ville udbetale resten af hans løn. Efter lang tids diskussion om retten til beløbet over to retsmøder, gav politiretten ham ikke medhold$_9$.

Under politirettens behandling af sagen om uret, fandt myndighederne den stjålne hue i hans ejendele. Tyveriet af denne blev derfor slået sammen med den verserende sag om tyveri af uret og taget op i politiretten den 9. januar 1881. Skjøt-Jens nægtede her dog fortsat tyveriet af huen og påstod, at han havde fået den hos ham fundne hue under sin anbringelse på Skøttrup fattiggård af fattiggårdsbestyreren. Grunden til han ikke brugte den, var fordi han også havde en hat, som han havde haft på under sit besøg på Vestrupgaard. Han gik så langt i sit forsvar, han indig-

53

neret bad sig fri for beskyldningen, når huen nu var hans. På spørgsmål om to ikke originale påsyende knapper på siden af huen, forklarede han, at de var syet på af hans mor Ane Johanne Jensdatter i Løkken. Aftægtsmand Christen Clemmesen bemærkede hertil, de altså var syet på af hans hustru. Han havde i øvrigt for et år siden givet 3 kroner og 66 øre for huen, og da han mistede den nok var 3 kroner værd - men nu var en del forringet af slid og dårlig behandling. På trods af dette ønskede han den udleveret uden fordring på erstatning. Han måtte imidlertid afvente rettens afgørelse, og indtil da blev huen forseglet taget i rettens forvaring.

Først næsten en måned senere blev sagen genoptaget den 3. februar. Skjøt-Jens havde på sin side haft god tid i arresten til at tænke sig om. Han erkendte nu, det var ham som havde stjålet huen, men det ikke var overlagt. Han gik alene ind i laden for at drikke noget af et krus, som han vidste stod der. Da han fik øje på huen, tog han den efter en pludselig indskydelse. På rettens anklage, at han sandsynligvis afstod opfordringen til at spise til middag for at tilegne sig et eller andet, mens folkene var inde at spise, forsvarede han sig, at han ikke ville spise med, fordi han allerede havde nydt to måltider på gården. På rettens spørgsmål om grunden til han hidtil ikke har villet tilstå tyveriet, svarede han blot, han ikke kunne sige noget herom. Retten opfattede direkte Skjøt-Jens forklaring at tyveriet var uoverlagt som usandsynlig, og dommeren afsluttede retsmødet "... da tiltalte i den grad gjorde et upålideligt indtryk og ikke synes at have noget fast opholdssted, måtte han anse det nødvendigt at holde ham arresteret til sagen uddragt". Herefter blev han ført tilbage i arresten[10].

Den 14. februar 1881 blev dommen afsagt i Hvetbo herreds underret. Selvom Skjøt-Jens havde siddet i arresten næsten to måneder og ikke havde været straffet før, blev han idømt femten slag rotting. Rotting var et spanskrør, der normalt var en meter langt og fire centimeter i omkreds. Det blev brugt til legemsstraffe på mandlige forbrydere mellem 15 og 18 år - ofte som førstegangsstraf. Herredsretten i Blokhus havde lokalt dog en særegen praksis. Herredsfogeden sendte arrestforvaren ud i bakkerne og skære ris, som blev lagt i et fad med saltlage og derefter brugt til

Pryglestraf med rotting (Politihistorisk Forening)

afskaffelsen. Om Skjøt-Jens blev pryglet med sådanne saltlagrede ris, ved vi dog ikke. Straffen blev eksekveret samme dag af arrestforvaren inde i tingsalen på hans nøgne rygstykker, mens herredsfogeden og hans fuldmægtig så på. De kunne så endeligt skrive i retsprotokollen, at "straffen var ret og redeligt fuldbyrdet". Skjøt-Jens blev således pryglet tre dage før sin 17 års fødselsdag. Ud over pryglestraffen skulle han betale for retshandlingen. Han var nok ikke meget værd efter pryglene, hvad nok var årsagen til han forblev i arresten endnu en uge. Endelig den 20. februar blev han løsladt for efterfølgende at blive sendt tilbage på Skøttrup fattiggård, hvor han blev - som det kaldtes - sat i tjeneste til det følgende forår[11].

55

Forsvundne træsko og beskidte skjorter

Skjøt-Jens forlod Skøttrup fattiggård i marts 1882 efter have udstået sit halve års tjeneste. Frem til foråret 1884 opholdt han sig herefter udelukkende på sin hjemegn$_1$. Kendt som Skjøt-Jens fra Løkken med ry at være en tvivlsom person, var han imidlertid i en svær position. Alle vidste, han kom fra fattiggården i Skøttrup og var straffet for tyveri. Han havde hertil det med at komme i problematisk selskab, ligesom han havde et genstridigt sind og temperament.

Midt på eftermiddagen søndag den 24. april 1884 mødte landbetjent Jens Carlsen op hos gårdmand Poul Larsen i Vester Mejlsted ved Linderup for at tale med Skjøt-Jens, som da i knap en uge havde haft arbejde på gården som tjenestekarl. Han havde dog logi i nærheden hos en kvinde, der gik under navnet Rytter-Kirsten. Linderup er en lille landsby i Tolstrup sogn lidt nord for Brønderslev. Betjent Jens Carlsen var Børglum herreds eneste politibetjent, hvilket vil sige, han var ansat til sammen med de lokale sognefoged til at udføre politiforretninger for herredsfogeden. Bortset fra i København var der på den tid ingen selvstændig politimester, politimyndigheden blev varetaget af by- og herredsfogederne. Selvom en del af politiforretningerne blev varetaget af sognefogederne, havde landbetjent Carlsen med herreds nitten sogne rigeligt at se til.

Sagen var, at der natten mellem den 16. og 17. april var blevet stjålet en del fødevarer i fire ejendomme i Vrensted. Skjøt-Jens havde på dette tidspunkt haft logi hos en Rytter-Trine og dennes gamle mor i byen. Umiddelbart før dette havde han i tre uger haft tjeneste hos gårdmand Osius Andersen i Stenum nogle kilometer vest for Vrensted. Han var imidlertid blevet jaget af pladsen af sin husbond. Grundet dette og måske nok så meget grundet Skjøt-Jens ry i almindelighed, mistænkte en del ham for at være gerningsmand til tyverierne.

Skjøt-Jens nægtede sig imidlertid skyldig. Han forklarede, at han kun forlod sin plads, fordi husbond beskyldte ham for at have bedrevet omgængelse mod naturen, hvilket han dog nægtede sig skyldig i. Hvad omgængelse mod naturen vil sige og nærmere om sagen, vender vi tilbage til. Ved ransagning af hans logi fandt betjent Carlsen ingen stjålne varer eller andet mistænkeligt. Derimod havde myndighederne målt længden af et fodspor i en de haver, hvor der var blevet stjålet fødevarer. Længden af Skjøt-Jens støvle passede med dette mål$_2$.

Resultatet blev, at Skjøt-Jens blev mistænkt for tyverierne, anholdt og transporteret til Hjørring arrest, hvortil han ankom ud på eftermiddagen klokken 5. Arresten lå i kælderetagen i rådhuset på torvet midt i byen. Den bestod af 11 celler og en bolig til arrestforvalteren. Ophold i ar-

Hjørring rådhus 1917 (Nationalmuseet)

En politiret (Julius Schiøtt : Danmarks Folk 1901)

resten var ikke gratis, ifølge fangeprotokollen kostede forplejning på dette tidspunkt 40 øre i døgnet, brød kostede 7 øre og skulle man have rengjort sit tøj for utøj, kostede det 1 kr. Arresten var dog så overfyldt, at man et par år senere valgte at opføre et nyt ting- og arresthus i Jernbanegade. Ved ankomsten blev den 21-årige Skjøt-Jens beskrevet som havende blondt hår, blå øjne og være middel af vækst$_3$.

Den følgende dags eftermiddag blev Skjøt-Jens fremstillet for politi-retten i rådhusets rådstue. På denne tid blev politiret og domstole i land-distrikterne ledet af herredsfogeden, mens den i købstæderne blev ledet af byfogeden. Selvom retten foregik i Hjørring købstad, var de sigtede for-brydelser begået i landdistriktet under Børglum herred. Retten var derfor ledet af herredsfogeden her gennem en del år Edvard Gulstad. Politiretten bestod af dommer (herredsfogeden), tingskriver og to retsvidner, som alle skulle underskrive referatet i politiprotokollen efter hver sagsbehandling. Var formalia for retten i orden, erklærede dommeren den lovlig. Arrestanten - i dette tilfælde Skjøt-Jens - blev ført ind i retten af en fangevogter. Ved første møde blev arrestantens fulde navn, fødselsdato og -sted bekræftet. Dommeren fremlagde herefter en af de indkomne rapporter fra politibetjent eller sognefoged, som retten så behandlede. Arrestanten blev formanet til sandhed og spurgt, om han vedgik eller nægtede sig skyldig i sigtelsen. Herefter blev han afhørt, hvor den behandlede sag blev gennemgået detaljeret. Til disse retsmøder blev indimellem også indkaldt vidner, som skulle afgive forklaring under ed.

Efter afhøringen blev Skjøt-Jens, med henvisning til mistanke om tyveri, betleri og omgængelse mod naturen, belagt med arrest, for som det hed, at sikre hans tilstedeværelse. Herefter blev han ført ned til arresten til personlig bevogtning. De følgende fem uger sad Skjøt-Jens fængslet, mens sagen blev efterforsket. Med mellemrum blev han ført op til politiretten i rådhuset. Undervejs kom flere sager til, og forløbet blev ret uoverskueligt[4]. Jeg vil derfor i det følgende gennemgå sigtelserne enkeltvis og til sidst slutte med domsafsigelsen.

Årsagen til sagen mod Skjøt-Jens var som sagt de stjålne fødevarer i Vrensted natten mellem den 16. og 17. april 1884. Han forklarede i politiretten efter sin anholdelse, at indtil han fik tjeneste hos gårdmand Poul Jensen - altså mens han lå ledig, som man kaldte det - opholdt han sig hos en kone, der kaldtes Rytter-Trine og dennes gamle mor i Vrensted by. Han kom her hjem onsdag den 16. april ud på eftermiddagen og opholdt sig i huset, indtil han den følgende formiddag fulgtes med den gamle kone til Thise marked. Han gik til sengs på loftet omtrent ved solnedgang og var ikke oppe om natten[5].

Retten indkaldte herefter den 29. april Rytter-Trine for retten som vidne. Hun hed rigtigt Cecilie Cathrine Knudsen og var en knap 40-årig

Vrensted købmand ved gadekæret ca. 1915 (Historisk Arkiv Hjørring)

kone, der boede i et hus med sin gamle mor i Vrensted. Faren havde væ-
ret fattig husmand og daglejer og noget ældre end moren. Da han for en
snes år siden var død, var både mor og datter blevet fattiglemmer. Rytter-
Trine havde dog småjobs som eksempelvis at vaske for folk. Huset var en
del af flere lejligheder med fattigunderstøttede. Hun forklarede, at hun
først lærte Skjøt-Jens at kende, da han kom til at tjene hos gårdmand
Osius Andersen, og hun da kom til at vaske for ham. Efter at han var
kommet fra sin tjeneste, havde han i tre nætter sovet på loftet over den
stue, som hendes mor boede i. Onsdag nat den 16. april lå han således på
loftet. Hun erindrede det fordi, der var marked i Thise onsdag og torsdag.
Hun kom til huset omtrent over solnedgang efter første dag på markedet.
Hun sad da og talte med ham til klokken var 10, hvorefter hun fulgte ham
over i sin mors lejlighed, som var i den anden ende af huset. Hun lyste
ham her op ad trappen, der var i en lille gang foran morens stue. Hun
hørte ikke ham gå ned om natten, og hun havde talt med sin mor om det,
som heller ikke havde lagt mærke til, han skulle have været nede om nat-
ten. Da moren på grund af sygdom lå vågen det meste af natten, kunne

han næppe være gået ned, uden hun havde bemærket det. Rytter-Trine huskede videre ikke, at han skulle have hjembragt andet end de i politirapporten nævnte fødevarer til deres hus - som altså ikke omfattede nogen af de i Vrensted angivne stjålne varer[6].

Rytter-Trines vidneforklaring var således et alibi for Skjøt-Jens for natten, hvor tyverierne var begået. Det ændrede imidlertid ikke på, at han forblev fængslet. Der blev til gengæld tavst omkring sagen, indtil det kort blev nævnt i et afsluttende møde i politiretten den 21. maj, at der var opstået formodning om, at en i Sæby arresteret Petersen skulle være gerningsmanden[7]. Mistanken som oprindelig fik ham fængslet, var således faldet bort, men det ændrede ikke meget ved hans situation, da retten i stedet kastede sig over en række i mellemtiden indkomne anklager.

Gårdmand Osius Andersen i Stenum mistænkte således Skjøt-Jens for et par dage efter, han havde forladt tjenesten, have stålet en strigle, som gårdmanden savnede og som havde hængt i stalden - samt væltet en vogn i en tegllade og væltet en stor sten i en mergelgrav. Skjøt-Jens benægtede både tyveriet og hærværket. Han fortalte, at det eneste han havde haft at gøre med sin tidligere husbond efter han forlod tjenesten var, at han havde fået udbetalt sit tilgodehavende med fem kroner. Et beløb han havde levet af, indtil han på ny fik tjeneste[8].

En gammel gårdmand og teglværksejer Mads Peter Andersen i Filholm uden for landbyen Manna lige syd for Thise mistænkte tilsvarende Skjøt-Jens for have stjålet et jernhjul til værdi af 3 kroner fra teglværket - eller at vide noget om tyveriet. Sagen var, at Skjøt-Jens kort før påske havde besøgt sin søster Ane Marie, der tjente hos den gamle teglværksejer. Skjøt-Jens benægtede tyveriet og forklarede, at han forlod gården om aftenen og hverken om aftenen eller natten var ved teglværket, da han tæt uden for gården havde mødt nogle karle, med hvem han fulgtes til Thise og var sammen hele natten[9].

Hverken Osius Andersen eller Mads Peter Andersen havde selv set eller hørt noget, der knyttede Skjøt-Jens til tyverierne eller hærværket. De mistænkte udelukkende Skjøt-Jens fordi, han var den person han var. Retten måtte derfor i det afsluttende møde i politiretten den 21. maj konkludere, der ikke kunne tilvejebringes oplysninger til bestyrkelse af de rejste mistanker[10]. De to forhold blev herefter ikke nævnt yderlige i hverken retten eller domen.

Mens Skjøt-Jens sad i arresten var yderligere rejst en sag mod ham af fisker Jens Nicolaj Christensen fra Løkken. Denne havde til den lokale sognefoged Andreas Larsen anmeldt, at mens han og de andre fiskere var ude på havet at fiske, havde Nicolaj Christensen tirsdag den 22. april fået et par nye franske træsko stjålet fra en trillebør på stranden. De mistænkte Skjøt-Jens for at have stjålet bemeldte træsko, da han denne dag var set ligge og sove i en båd på stranden - men senere ikke var set på pladsen. Som anmelderen udtrykte det: "Jens Martinus Jensen er nemlig en Person der ingen Tjeneste har, men stræiffer om paa Landet, og har ofte været i Konflikt med slige sager"[11].

Trillebør af typen fiskerne brugte

Skjøt-Jens nægtede at være gerningsmanden til tyveriet, idet han erklærede, han den anførte dag hele dagen have arbejdet hos Poul Larsen i Mejlsted. Han fortalte videre, at han ikke havde været i Løkken siden kort før påske. Han erklærede endelig, han intet havde imod en ny ransagning af hans effekter. Efterfølgende blev indhentet vidneudsagn fra gårdmand Poul Larsen, at Skjøt-Jens ikke havde været fraværende fra han kom i hans tjeneste den 19. april til han den blev hentet den 24. april af politibetjent Carlsen. Ransagningen vidste, Skjøt-Jens var i besiddelse af et par nye træsko, men det var et par almindelige - ikke franske$_{12}$.

Herredsfogden opgav dog ikke så let. Der blev sendt en ny fore-spørgsel til sognefoged Andreas Larsen om, at spørge anmelderen fisker Jens Nicolaj Christensen om dagen var korrekt? Nicolaj Christensen er-kendte, han ikke kunne erindre om var den 22. eller 23. april træskoene blev stjålet. Han kunne heller ikke nu huske, hvem det var der havde set Skjøt-Jens ligge og sove i en på stranden stående båd, eller om det var den dag træskoene blev stjålet. Endelig var anmelderen kommet på den tanke, at det muligt må være en anden person. Han havde nemlig for et par dage siden atter mistet et par gamle træsko, der stod på stranden, mens han var ude at fiske. Nicolaj Christensen spekulerede på, at selvom der ellers aldrig bliver noget borte af fiskernes sager, som står på stran-den, mens de er på havet, kunne man næsten tro, at der var nogen der tog hans træsko for at drive sjov med ham. Ikke nok med anmeldelsen således blev næsten intetsigende, så endte sagen med, at dommeren i politiretten senere måtte meddele, at de i Furreby omtalte træsko var kommet tilstede igen og - efter hvad der foreligger - ikke kan antages at have været stjålet$_{13}$.

Den sidste anklage om tyveri var sket i Skjøt-Jens egen familie. Da sognefoged Andreas Larsen den 2. maj opsøgte fisker Nicolaj Christensen for at få uddybet anklagen - altså under Skjøt-Jens ophold i Hjørring arre-st - havde Skjøt-Jens mor benyttet lejligheden til at opsøge sognefogeden og anmelde sin søn for tre uger tidligere have stjålet en pung med 50 øre i fra hendes samlever Lars Jensen$_{14}$.

Forelagt sigtelsen vedgik Skjøt-Jens med det samme have stjålet omtalte pung. Han forklarede, at han for nogen tid siden havde leveret sin mor to skjorter til vask. Da Lars Jensen midlertidig brugte skjorterne, hentede Skjøt-Jens dem igen og bragte dem til vask hos en kone ved siden af. Hans mor hentede imidlertid skjorterne igen, og Lars Jensen gik på ny med dem. For at få vederlag, fordi Lars Jensen således sled på hans skjorter, tog Skjøt-Jens derfor en portemonnæ med 51 øre fra ham. Det skete for en månedstid siden, da han sov hjemme hos dem om natten. Han tog pungen tidligt om morgenen fra Lars Jensens bukser, der lå på en kasse i stuen. Det skete mens hans mor og Lars Jensen lå og sov i stuen. Han forlod derefter huset. Med hensyn til pungen, hvori de stjålne penge lå, havde han kastet den bort.

Skjorte af typen som brugtes i Skjøt-Jens lag på den tid

Under et efterfølgende møde i politiretten fremlagde Lars Jensen sin udlægning af det skete. Da han savnede pungen med 50 øre, mistænkte han sin samlevers søn for at have stjålet den. Da han senere sigtede ham for tyveriet, vedgik denne da også at være gerningsmanden. På spørgsmålet om, at han have gået i Skjøt-Jens skjorter, hævdede han, at han kun en enkelt gang have gjort det og da med dennes samtykke. Da Skjøt-Jens imidlertid havde klaget til sin mor over det, og sagt han ikke ville have det, benyttede han ikke senere dennes skjorter. Han havde ikke talt med Skjøt-Jens om sagen, ligesom han heller aldrig af ham var blevet forlangt erstatning derfor.

Til gengæld kom Lars Jensen nu med en ny anklage. Han forklarede, at for længere tid siden havde Skøt-Jens tilegnet sig et par ham tilhørende benklæder, som hang på væggen i stuen. Foreholdt den nye anklage, er-

En kostald i en bondegård 1880 af maler Adolph Kittendorff (Statens Museum for Kunst)

kendte Skjøt-Jens, at han en dag efter vinter - da han besøgte sin moder og var alene i huset om eftermiddagen - benyttede lejligheden til at tage par i stuen værende benklæder tilhørende Lars Jensen. Han gik herefter straks bort med dem i en bylt under armen. Benklæderne havde han i mellemtiden slidt op. Lars Jensen blev slutteligt bedt om at værdisætte de stjålne ting. Han svarede, at pungen var uden værdi, og han frafaldt i det hele taget krav på erstatning for dette tyveri. Derimod anslog han værdien af de stjålne benklæder til to kroner[15].

Udover sigtelserne for tyveri, var Skjøt-Jens anklaget for omgængelse mod naturen. Det var en fællesbetegnelse for en række dengang værende strafbare seksuelle handlinger - eksempelvis homoseksualitet, seksuel omgang med dyr eller blodskam, sidstnævnte altså seksuelle forhold mellem tæt beslægtede personer. Disse former for seksualitet blev ud over en forbrydelse mod ægteskabet og samfundsordenen, set som omgængelse mod naturens orden[16].

Skjøt-Jens havde allerede ved sin anholdelse gjort opmærksom på beskyldningen om omgængelse mod naturen, og havde et stort behov for imødegå den. I det indledende politiforhør fortalte han, hans husbond var kommet ved middagstid med hans skudsmålsbog og pålagt ham at forlade gården. Denne ville ikke have ham i tjeneste, fordi han mente, han havde sprunget med en ko. Skjøt-Jens havde nægtet, at det var tilfældet, og opfordret husbonden til at melde sagen til Politiet. Det ville husbonden imidlertid ikke. Gårdmand Osius Andersen på sin side forklarede i det efterfølgende møde i politiretten, at han viste Skjøt-Jens bort, fordi han i det hele var misfornøjet med ham. Han erkendte, tjenestepigen Stine havde fortalt, hun havde set Skjøt-Jens i færd med at bedrive omgængelse mod naturen med en ko, men han ville ikke selv udtale sig i sagen. Som han udtrykte det: Han kunne ikke give nogen besked, da han ikke havde udspurgt pigen videre derom. Han huskede intet om, Skjøt-Jens havde anmodet ham melde det til politiet[17].

Osius Andersens 16-årige tjenestepige Ane Kirstine Martinsen blev herefter indkaldt for retten. Hun fortalte, at mandag den 7. april havde hun opholdt sig i gårdens hønsehus, der lå inde i kohuset, adskilt fra det af en tremmevæg. Skjøt-Jens opholdte sig da i kohuset. Hun lagde mærke til, han havde opknappede benklæder. Herefter så hun først en kvie, der sprang op på ryggen af en ko, hvorefter Skjøt-Jens gik hen og satte den indvendige krog på stalddøren. Han stillede sig så på tæer bag ved kvien og lagde hænderne på dens hofteben. Hvorvidt han havde sit mandlige lem fremme, eller om havde omgængelse med kvien, kunne hun ikke se. Hun råbte så til ham "Du er jo tosset, at du spinger en ko". Han svarede ikke, men forlod koen og kostalden. Hun havde herefter straks fortalt om det til sin husbond og madmoder.

Skjøt-Jens blev herefter foreholdt pigens forklaring. Han benægtede stadig beskyldningen, men erkendte, han den pågældende dag ved middagstid var ude i kostalden. Han havde også hørt pigen råbe noget, men han kunne ikke høre hvad eller se hende. Det var videre rigtigt, at han satte krogen på fra kostalden til hestestalden, men det skyldtes en kvie havde revet sig løs[18]. Resultatet af den for Skjøt-Jens synligt ubehagelige anklage var, at der ikke var noget konkret i sagen og den herefter ikke blev behandlet mere i politiretten.

Endelig var Skjøt-Jens anklaget for betleri. Husmand Niels Jensen af Krybbely på Sundsted mark i Vrensted sogn forklarede i politiretten, at så vidt han vidste, havde der omkring den 16. april indfundet sig en ung ret velklædt mandsperson i hans hus og bedt om et stykke mellemmad, hvad han da fik. Hverken Niels Jensen eller hans hustru var selv til stede, så det var hans svigermor, der havde talte med personen. Svigermoren var 70 år og meget svagelig, hvorfor hun ikke kunne give møde i retten. Herefter vidnede Rytter-Trine, som fortalte, at da Skjøt-Jens kom hjem onsdag aften - altså den aften hun havde siddet og snakket med ham, indtil hun lyste ham op til hans logi over moren - havde hun budt ham en mellemmad, som han afslog, idet han sagde, at han havde været inde hos en aftægtskone og fået sig en mellemmad.

Da Skjøt-Jens blev forelagt den konkrete sag, erkendte han forløbet med det samme. Han forklarede, at han på det givne tidspunkt havde indfundet sig i et hus i Vrensted. Her havde han fået et stykke mad af en gammel kone, som han ikke kendte - ligesom han ikke vidste, hvem der boede i huset. Den følgende dag havde han været inde i samme hus og fået noget at drikke, men havde da blot truffet nogle små børn. Skjøt-Jens nægtede at have betlet andre steder end dette[19].

Den 10. juni 1884 faldt dommen. Skjøt-Jens blev dømt for den forrige vinter have frastjålet arbejdsmand Lars Jensen af Løkken - altså hans mors samlever - et par benklæder til en ansat værdi af 2 kroner, og en dag i dette forår have frastjålet samme en pung med 51 øre. Bestjålne frafaldt dog krav på erstatning af sidstnævnte hændelse. Hertil havde han gjort sig skyldig i betleri, idet han onsdag den 16. april dette år havde indfundet sig hos husmand Niels Jensen i Vrensted og tilbetlet sig et stykke mad. Hans tidligere straf taget i betragtning, blev dommen fængsel på vand og brød i otte dage. Fængsel på vand og brød var en særlig friheds-straf, hvor fangen kun fik vand, rugbrød og groft salt. Det var en kortvarig form, der dog kunne gentages flere gange afbrudt af en eller flere mellemdage på sædvanlig fangekost. Blev ældre svagelige idømt denne straf, blev den ofte omregnet til almindelig fængselsstraf, hvor en dag på vand og brød blev takseret til fire dages almindelig fængsel. For Skjøt-Jens betød det, at han forblev varetægtsfængslet, indtil han påbegyndte afsoning på vand og brød den 13. juni. Efter fire dage på denne kost var han en dag på almindelig fangekost, for så endelig afsone de sidste fire dage. Staffen lød således nok på otte dages indespærring i arresten, men sammenlagt med varetægtsfængslingen blev det reelt til 58 dage. Ud over afsoningen blev Skjøt-Jens tilpligtet at udrede alle udgifter, hvilket ud over de to kroner til Lars Jensen, vil sige ti kroner til aktor sagfører Schmidt og otte kroner til defensor prokurator Winther - som var henholdsvis den juridiske anklager og forsvarer i sagen[20].

Det var tyveriet, som vejede tungest i dommen. Forholdet at det var indenfor hans egen familie og øjensynlig en del af en intern konflikt her, blev der ikke tages hensyn til. Der er ingen tvivl om, at det var Lars Jensen, der havde sendt Skjøt-Jens mor til at anmelde hendes søn. Der er næppe heller tvivl om, at det ikke har været gavnligt for forholdet mellem mor og søn - og øjensynligt heller ikke mellem Lars Jensen og moren.

Lars Jensen var i politiretten for at uddybe sin anklage den 8. maj. Tre dage senere den 11. maj blev Skjøt-Jens mor Skjøt-Hanne indlagt på Skøttrup fattiggård kun medbringende et sæt klæder af meget ringe beskaffenhed. Det var ekstraordinært, at fattiggårdens protokol således direkte gav udtryk for armod, så hun har været ualmindelig sølle. Det var næppe tilfældigt med det korte tidsmæssige sammenfald mellem samleverens anklage mod hendes søn i retten, og at hun endte på fattiggården. Som tidligere fortalt havde Skjøt-Hanne ellers levet sammen med den otte år yngre Lars Jensen i en lille snes år, og han var far til hendes yngste barn Ane Marie. Skjøt-Jens nåede aldring at blive forsonet med sin mor. Ane Johanne Jensen kaldet Skjøt-Hanne døde den 19. juni 1884 57 år gammel efter blot godt en måneds ophold på fattiggården. Hun efterlod intet. Skjøt-Jens blev løsladt fra arresten tre dage senere den 22. juni klokken halv ni om formiddagen. Skjøt-Hanne lå i fattiggården ligstue fire dage efter sin død, hvor distriktslægen så kom og udfærdigede dødsattesten. Den fastslog blot døden - der på det tidspunkt var udtalt synlig - ikke årsagen[21]. Samme dag blev hun kørt til Furreby kirke og begravet på kirkegården, hvor hendes far og mor også lå.

Skjøt-Jens på sin side var nu gentagende straffet og uden det holdepunkt, som hans mor trods alt var. Han fortsatte med rastløst at strejfe rundt og ikke have fast arbejde. Han holdt sig dog uden for myndighedernes søgelys - indtil en novemberaften halvandet år senere.

Dødsattest, udstedt af Ligsynsmænd.

Anm. Det bemærkes, at Attesten skal sluttes med en skriftlig Erklæring saalydende: Undertegnede erklære herved, at vi selv have synet Liget af N. N. og fundet sikre og utvivlsomme Tegn paa virkelig Død tilstede, nemlig:

Fulde Navn: *Johanne Jensen*

Alder (o: fyldte Aar; for Børn under 1 Aar: Maaneder eller Uger).

Ugift; Gift; Enkemand; Enke:

Egen eller Forældres Stilling og Næringsvei: *Fattiglem*

Bopæl: *Børglum* Sogn, *Skjøttrup* By; *Fattiggaard*

Dødssted: *Fattiggaarden i Skjøttrup*

Dødsdag: *Den 19 Juni 1884*

Formodet Dødsaarsag:

Svar paa Spørgsmaal med Hensyn til Dødstegnene:

1) Er der Liglugt tilstede? — *Ja*

2) Er der Dødsstivhed? — *Nej*

3) Ere Øinene brustne? — *Ja*

4) Er der Ligpletter? — *Ja*

5) Er der grøn Farvning af Underlivet? — *Ja*

6) Er der Tegn paa videre fremskreden Forraadnelse? *Nej*

Fattiggaarden i Skjøttrup den 23 Juni 1884:

Undertegnede erklære herved, at vi selv have synet Liget af bemeldte Johanne Jensen og fundet sikre og utvivlsomme Tegn paa virkelig Død tilstede, nemlig: de ovenfor med Ja betegnede Tegn.

Jens Christen
Ligsynsmand.

Jens Andersen
Ligsynsmand.

vend om.

Ane Johanne Jensen "Skjøt-Hanne" dødsattest (Rigsarkivet)

Vinterfrakken

Klokken cirka halv seks sent eftermiddag onsdag den 3. november 1886 kom tjenestekarl på gården Axelholm Jens Larsen Christensen til Hjørring station med toget. Axelholm var en stor gård med mange tjenestefolk på købstadens markjord uden for byen. Tjenestekarlen havde to vinterfrakker over armen og gik fra stationen op til byens hovedgade Østergade. Alene her i gaden var en god håndfuld værtshuse. Han gik ind af en åbenstående dør til værtshusholder Carl Nielsens beværtning i Østergade 8, hvor han lagde frakkerne på en kiste i entreen og gik ud af en dør til gården for at forrette et nødvendigt ærinde. Da han et par minutter efter kom tilbage, opdagede han, den ene af frakkerne var væk. Ud af den åbenstående dør mod gaden bemærkede han en person gå ned ad gaden med en frakke under armen. Jens Larsen Christensen fattede mistanke, det muligvis var hans frakke. Han løb derfor efter og indhentede personen et stykke nede af gaden. Han forlangte nu sin frakke tilbageleveret, hvad han så fik, hvorpå den ubekendte person hurtigt fjernede sig. Han fulgte dog efter og holdt øje med vedkomne. Kort efter mødte denne en karl, som kendte ham. Jens Larsen Christensen fandt derfor ud af, personen var en Jens Martinus Jensen - altså Skjøt-Jens.

Jens Larsen Christensen gik nu til politiet i byen og anmeldte tyveriet. Skjøt-Jens blev anholdt og ført til arresten, hvortil han ankom sent eftermiddag klokken syv. Arrest- og tinghuset i Jernbanegade 12 skulle være opført omkring dette tidspunkt, men da politiretten stadig blev holdt i rådstuen på råhuset, sad Skjøt-Jens sandsynligvis som sidst fængslet under det gamle rådhus. Som sidst blev der indført et kort signalement i arrestprotokollen. Det hed her, at han havde mørkt hår, brune øjne og var lille af vækst. Det stod i skarp kontrast til beskrivelsen blot halvandet år tidlige, hvor han angiveligt havde blondt hår, blå øjne og var middel af vækst. Hårets ændring fra blond til mørk er dog en naturligt udvikling for mange, hvor vurderingen et givent tidspunkt ofte bliver subjektiv. Kort ef-

Nørregade i Hjørring 1917 (Nationalmuseet)

ter blev han således beskrevet som mørkeblond. Senere blev han dog konsekvent beskrevet som mørkhåret, og min oldemor beskrev ham direkte som mørklødet. Øjenfarve er ikke foranderlig, men mange har ikke en entydig øjenfarve, men en blanding af flere nuancer. I den godt en håndfuld eksisterende beskrivelser af ham, beskrives hans øjne næsten skiftevis som blå og brune. Igen er en sådan vurdering subjektiv. Med hensyn til vækst, var vurderingen også skiftende mellem middel og lille eller lav. Det var igen en subjektiv vurdering af nok så meget drøjde - muskler og vægt - som højde. Med hensyn til dette udviklede han sig, og blev nogle år senere beskrevet som firskåren med stærke lemmer₁.

Tre dage efter anholdelsen - den 6. november - blev politiretten sat med vidneforklaring og forhør. Selvom det foregik i samme lokale som halvandet år før, var forbrydelsen foregået i købstaden, og retten derfor nu ledet af den senere kendte højrepolitiker og Estrup-støtte borgmester og byfoged Harald Emil Høst. Skjøt-Jens tilstod og havde intet at bemærke til Jens Larsen Christensen ovenfor beskrivelse af forløbet. Denne havde imidlertid også til retten sagt, at da han den pågældende dag forlangte en forklaring af Skjøt-Jens, var denne blevet grov og gjort mine til at slå ham. Til dette erklærede Skjøt-Jens, at han intet huskede. Den omtalte frakke var i øvrigt en blå duffel-overfrakke med fløjeskrave og uldent foer, som retten vurderede til en værdi af 20 kroner (duffel er et tykt, groft og varmt uldmateriale). Jens Larsen Christensen frafaldt krav på erstatning, da han - som han sagde - havde fået frakken tilbage i uskadt stand[2].

Klassisk duffel frakke

Skjøt-Jens sad i arresten frem til dommen den 18. november, hvor han blev dømt for tyveri af frakken. Straffen blev på baggrund af hans tidligere domme sat til fængsel på vand og brød i fire gange fem dage, hvortil han skulle betale salær til anklager og forsvarer. Han afsonede herefter straffen på vand og brød fra den 20. november, afbrudt de første tre gange med to dage på almindelig fangekost, og inden sidste fem dage på vand og brød, med tre dages fangekost. Den 17. december formiddag klokken halv ti havde han udstået straffen og forlod arresten som en fri mand$_3$.

Man skal passe på med at vurdere fortiden - ikke mindst med egne eller for den sags skyld nutidens normer. Fra den unge dreng, som ikke helt forstod samfundets normer, over en social uhensigtsmæssig ageren og intern konflikt i sin familie, virker tyveriet af frakken mere overlagt.

Eksercer- og kaserneskibe

Ved indgangen til 1887 havde Skjøt-Jens afsonet sin straf og skulle finde en ny hverdag. I det tidlige forår fik han imidlertid indkaldelse til militæret, hvor han var erklæret ubetinget eget. Han skulle torsdag den 13. april møde til tjeneste i søværnet på et nærmere bestemt sted på holmen i København. Det var sådan, at hel- og halvbefarne sømænd - hvilket ville sige, de der minimum havde sejlet i 18 måneders som sømænd - blev taget som mandskab på flåden skibe; det såkaldte sørullemandskab. Dem som havde erfaring med at sejle, men ikke faldt her indunder, blev taget som vagtmandskab i marinen; det såkaldte lægdsrullemandskab. Som de fleste opvokset i Løkken havde Skjøt-Jens været med ude at fiske, hvorfor han i stamrullen under erhverv fik stillingsbetegnelsen fisker og blev indkaldt til søværnets vagtmandskab. Det betød iøvrigt, at yderligere fire jævnaldrende fra Løkken mødte ved samlingen og kom på samme eksecerskib. Skjøt-Jens blev med egne ord marinesoldat$_1$.

Vi ved intet om, hvordan han oplevede at blive soldat nummer 408 i årgang 1887 i marinen. En halv snes år senere skrev en nyindkaldt soldat i helt samme situation om sin oplevelse. Soldat 1030 fra 1889 skriver: "... jeg, mellem ca. 300 ligestillede, blev indkaldt til Aftjening af min Værnepligt i Marinens Tjeneste. Ordren lød paa, at vi skulde møde paa Værftsbroen ad Christianshavn. Det var første Gang, jeg saa Danmarks Hovedstad ... I sidste øjeblik naaede vi Værftsbroen, hvor der var samlet en Klynge paa ca. 300 Mand, alle med de uundgaaelige Poser. Ellers var det et meget forskelligartet og blandet Publikum, samlet lige fra Skagen til Gedser, fra elegant Spadseredragt og høj Silkehat til uden Frakke og de bare Fødder i 1½ Træsko ... "Ingen Tændstikker maa medbringes!", lyder en Tordenstemme, og i næste i Øjeblik flyver ca. 300 Tændstikæsker ud i Kanalen ... Saa begyndte Opstillingen og Porten til Frihedens Land lukkes for en Tid ... .

Under Opstillingen og den paafølgende Marsch til Beklædningsdepotet falder der mangt et djærvt Opmuntringstilraab fra Underofficerernes Øvede Taleredskaber; en Gang imellem falder der i et eller andet Geled en Vittighed som Svar, hvortil Underkanoneren ytrer saa lunt, idet han smiler i Skægget; 'Ja, vent du kun lidt, 'Agrar' der kommer vel andre Boller paa Suppen'. Iøvrigt bliver der Stilhed og Forventning i Rækkerne, jo mere vi nærmer er os Depotet.

Her foregaar en hel Forvandlingsproces. Vi begynder i en skomagerforretning i stor Stil og Resultatet er to Par solide Sko. I Manufakturforretningen er det en større Bestilling, der skal gøres, men godt er det, at det ikke koster Penge; 2 Par Strømper, to Skjorter, 2 Uldtrøjer, 2 Sæt blaat Tøj, 2 sæt Lærredstøj o.m.a. ... Saa begyndte Omklædningen. Der er ingen Tid til videre Pynten; den civile Dragt forsvinder hurtigst muligt i den medbragte Pose, dennes egentlige Bestemmelse ... saa gaar det af Sted med Oppakningen mod Maalet"₂.

Målet for Skjøt-Jens den første dag var eksercer- og kaserneskibet Dannebrog. Det var oprindeligt søsat i 1850 som et stort linjeskib i flåden bygget i træ med 72 kanoner. Under krigen i 1864 var det blevet omdannet til panserklædt korvet. De gamle store træskibe blev på denne tid overhalet af de nye skibe i smedejern med stålbeklædt panser. Blot godt ti år efter krigen udgik det derfor af flåden, blev indrettet som eksercer- og kaserneskib, hvilket det så siden havde fungeret som. Den udefra mest synlige del af omformningen til kaserneskib var, at rigningen delvist blev afmonteret og et tag konstrueret over dækket til beskyttelse mod vejrlig. Dannebrog var ikke ene om denne skæbne, på denne tid blev flere af de gamle store skibe i træ omdannet til kasserneskibe. Ovennævnte soldat 1030 udtrykte nok manges følerser: "Jeg har da ikke kunnet befri mig for en vis Ærgrelse ved at anstille Sammenligning mellem disse moderne Jernklodse, der næsten mindst ligner Skibe, og de gamle udrangerede eller Korvetterne ...; men saa er jo Verdens Gang; de moderne Goder indføres ofte paa Bekostning af det gamles Skønhed"₃.

Skjøt-Jens var denne sene eftermiddag en af de 557 mødte værnepligtige på Dannebrog, hvor det faste mandskab var påmønstret et par dage forinden under ledelse af skibets chef kaptajn C. Jessen og gjort klar til modtagelsen. De nytilkomne blev undersøgt af lægen og fordelt på ski-

Ekceser- og kaserneskibe i flådens leje ca. 1880-1910 (maler ukendt)

bet. En halv snes af rekrutterne var dog i så dårlig form og helbred, at de blev sendt til lazarettet[4]. Lad os læne os op af soldat 1030 oplevelse af det første døgn på et kaserneskib: "Jeg har aldrig haft rigtig Rede paa alle de Ting, vi foretog os paa denne Indskrivningsdag, thi det foregik stedse ved en mere eller mindre blid Forskydning af Masserne. Et Punkt staar aldeles tydeligt for mig, nemlig det første Middagsmaaltid. At spise til Middag ombord hedder at skaffe, det første Sømandsudtryk, som læres. ... Men hvor mange havde vel tænkt paa saadanne simple Ting som Ske, Kniv og Gaffel, dog ogsaa dette overvandtes. Nu gør Kammeratskabsfølelsen sig gældende, Hovedsagen er nemlig at faa noget at spise, Appetiten er storartet, og saa hjælper man sig, som man kan. Den, som har Grejerne i Orden, laaner en anden sin Gaffel, mens han selv bruger Skeen, siden omvendt; den, der slet ingen Grejer kan faa, bruger Fingrene, den Gaffel har man dog heldigvis altid ved Haanden. Man glemmer helt sine forfinede Vaner; enkelte ser i Begyndelsen lidt mellemfornøjede ud, men Sulten, dette glimrende Krydderi, sætter alle Fordomme til Side. Kort sagt: det gør godt at spise sig mæt, naar man er skrupsulten, selv om der saa ellers kan vore lidt at udsætte paa Service og Anretning.

Siden faar man Piben tændt ved Lunten, og en Sømandsnak har hver Mand husket, selv de, som havde glemt Skaffegrejerne, og saa har man endelig Lov til at rette sig lidt oppe paa Dækket. Det varer imidlertid ikke ret længe, før Baadsmanden lader en lang skingrende Fløjtetrille høre, hvorefter han kommanderer: 'Det nye Mandskab klar ved Køjerne'.

Kommandoen gentages ved alle Luger og nede i Skibet, paa Batteri og Banjer, og snart er alle paa Dækket og faar deres Køjer. Disse er om Dagen altid nedstuvede i den høje hule Skanseklædning, og nu begynder det gamle Mandskab at belære det nye om, hvorledes en Køje hænges op og navnlig rulles sammen, thi at kunne gøre dette Stykke Arbejde hurtigt og let, er til stor Fordel for Vedkommende, fordi han saa har Haab om at være blandt de første paa Dækket om Morgenen, at være den sidste kan blive ubehageligt.

At kunne surre sin Køje godt og fast er en meget vigtig Ting, thi ellers kan det let hende, at dens Indhold er væltet ud eller bleven byttet med en anden Køjes, naar man skal have den om Aftenen, og hvad der er det værste, der kan være fulgt ubehagelige Gæster med.

Saa gaa man til Sengs i sit nye Sovekammer for første Gang. Køje hænger ved Køje med kun et Par Tommers Mellemrum og ser ud som en Masse graa Pølser. Lejet i en saadan Køje er aldeles fortrinligt og behageligt; Luften i Sovekammeret er, mindre fortrinlig og kan være i høj Grad ubehagelig; thi her sover i alt ca. 500 Maand, undertiden mere, i samme Rum; men naar man er træt; smager Hvilen godt.

Den sidste Formaning fra Underkanonereren er, at man skal passe paa at tørne ud næste Morgen i god tid. Kl. 10 slukkes ... Lys overalt i Skibet, og alt bliver snart stille i det store svømmende Sovekammer. Nu og da afbrydes dog Stilheden, naar Vagten purres til afløsning, eller naar Brandvagten lister sig omkring ... og efterser, om alt er i Orden.

Kl. 5 lyder Reveillens i Grunden mere Søvndyssende end vækkende Toner, men maaske er det dens langtrukne Slutningstoner, der er beregnet paa at irritere en saa meget, at man maa vaagne op. 'Rejse, op af Køjerne', lyder det derpaa overalt i Skibet. 'Op og se', lyder det atter mere populært. Enkelte forsøger at trække Afgørelsen ud lidt endnu og bliver liggende, men det kan have ubehagelige Følger, thi opdager Underkanonererne det, faar Vedkommende vendt Køjen i en Fart, saa han selv og Indhold dumper paa Gulvet. 'Op med Køjerne', lyder det saa, og snart er alle Mand paa Dækket og faar dem stuvede; det hele er gaaet for sig paa 7 Minutter.

Nu pibes der ned til The og Vaskning, saaledes at mens Kongens Kvarter, d.v.s. det ulige Nr., drikker The, maa Dronningens Kvarter, de lige Nr., vaske sig, hvilket sidste gaar for sig allernederst i Skibet i et stort Rum, Platformen. Man maa blotte hele Overkroppen og vaske den over det hele med koldt Vand, det er baade sundt og behageligt og gør En mindre modtagelig for Forkølelse"₅.

Klokken halv syv blev Skjøt-Jens og mandskabet samlet på Danne-brogs dæk. De nye værnepligtige blev herefter fordelt i hold som skulle undervises af det faste mandskab i - det kaptajnen i logbogen benævner - skibsarbejde. Det dækkede over færdigheder som vagttjeneste, rengøring ombord, et krigsskibs funktioner, søminørtjeneste med mere. Skydeøvel-ser forgik ude på Amager.

Forplejning fyldte meget i mandskabet bevidsthed, og det krævede store mængder fersk kød og brød at bespise næsten 600 mand. I log-bogen noteres eksempelvis en dag: "Fik 1000 stk. brød ombord". I soldat 1030 oplevelser fylder denne del selvsagt meget: "Man faar selvfølgelig fuld Forplejning ombord: The om Morgenen, Kaffe om Formiddagen, to Retter varm Mad til Middag og atter The om Aftenen. Man er inddelt i Hold, Bakker; en Bakke bestaar af 10 Mand og har Ret til et Bord, to Bænke, hvori Randslerne staar, et Skab med Skaffegrejer (Krus, Tallerken, Fade, alt af Tin og tilhørende Marinen).

Hver Dag før der skaffes, faar hver Bakke udleveret sin Ration for et Døgn: 10 Kvint Smør (50 gram) til hver Mand, et Krus øl til hver, Brød som man ønsker, (dette bages ombord, og to Mænd har ikke andet Arbejde hele Dagen end at

Matroser på vagtskibet Sjælland ca. 1890 (Nationalmuseet)

skære Brød til de mange Munde), og saa endelig Middagsmaden, som hentes ved Kabysen. To Mænd er Skaffere for en Bakke i en Uge, hvorefter der skiftes, det kaldes at have Bakstørn. Disse to skal sørge for at hente alle Rationerne og vaske Grejerne af efter endt Maaltid.

Der er Travlhed i Kabysen (Køkkenet), naar 500 Mand skal have Middagsmad, og det er nogle ordentlige Gryder, Kokken raader over. Foran Kabysen staar Skafferne opstillede i to lange Rækker med Fade til at hente Retterne paa. Man faar som sagt altid to Retter varm Mad, og det maa siges, at Maden gennemgaaende er upaaklagelig og som Regel godt tillavet. Forresten skal Kokken hver Dag før Skaffetid præsentere den vagthavende Officer de to Retter, for at han kan overbevise sig om, at den er god og veltillavet.

Hver Dag i Ugen har sine bestemte Retter: Mandag Vandgrød og Klipfisk, Tirsdag Sødsuppe (Bakterieforskrækkelse) og amerikansk Oksekød, Onsdag Ærter og Flæsk o.s.v. Om Søndagen er det næsten altid Sødsuppe og Steg med Kartofler og Sovs, men man maa selv pille Kartoflerne. De to, som har Bakstørn, skærer Kødet i lige store Stykker og uddeler Rationerne paa den Maade, at den ene tager et Stykke og spørger den anden, som vender Ryggen til, hvem der skal have det, hvorpaa han saa nævner et Nr. o. s. fr., saa bliver ingen forurettet. Man maa selv sørge for at gemme noget Kød fra Middagen til de andre Maaltider, hvis man vil have lidt Paalæg paa Brødet, thi man faar ikke andet. Det er iøvrigt Smørret, der hurtigst slipper op; er man saa mere sulten, maa man hjælpe sig med tørt Brød, eventuelt med lidt Kartoffelskiver og Salt".

En anden ting som fyldte meget hos mandskabet var fritid og landlov. Igen soldat 1030: "Naar Arbejdet er endt og Skafningen forbi, faar man Piberne tændt og hviler saa ud paa Dækket; nogle stopper Strømper, andre spiller Kort, og atter andre skriver lange Breve til Kæresten. ... Ved Solnedgang sænkes Flaget, og alle staar med Huen i Haanden, hilsende gamle Dannebrog. Kl. 8 faar man Køjerne og enhver kan begive sig til Ro. Saaledes glider Dagene, og det bliver til Tider ensformigt og trist, navnlig naar et eller andet Hold skal permitteres (hjemsendes), saa gar det rigtigt op for En, at man er noget af sin Frihed berøvet. ...

Enhver kan, før han gaar i Land (på landlov), erholde en Krone i Forstærkning. Saa spredes hele Sværmen ud i den store By. De, der kun har den ene Krone paa Lommen, og som dog alligevel vil have meget for den, søger ned i den første den bedste Mælketoddykælder, hvor enkelte nok kan naa at blive dygtig fulde. ... Efter en saadan Landlovsdag kan Luften paa Batteri og Banjer blive ganske uhyggelig kvalm. Har saa en faaet en malketoddy for meget kommer til Køjs og af Kammeraterne faar an Gyngetur med Køjen, saa gaar det i Reglen galt. Han afleverer da, hvad han har faaet for meget og stundom lidt til paa Gulvet; men saa er der rigtignok ogsaa til Staklen, han maa op og hente Pøs og Svaber og faa det af Vejen; da kniber det".

Om søndagen var de parade. I logbogen for Dannebrog i 1887 står efter revilie (signal blæst i horn til vækning) var der "Rengøring og pudsning overalt", og derefter "Parade for chefen, derefter landlov" og endelig specificering af hvem den omfatter. Soldat 1030 skriver om søndagene: "'Omklædning til Paraden!' pibes der. Nu bliver der en Stund stor Travlhed med at faa Søndagstøjet frem af Randslen, faa det børstet og glattet, og Skoene pudset, og navnlig faa den blaa Krave gjort fin. Endelig lyder Kommandoen: 'Op til Paraden'. Da maa hele Mandskabet stille paa Dækket i Bakker fra den ene Ende af Skibet til den anden, hvor saa forskellige Underofficerer mønstrer hver sin Afdeling for den egentlige Parade. Det hender undertiden, at en eller anden har glemt at vaske Halsen rigtig ren, det maa om igen, eller vedkommende Underofficer tager fat og vasker ham selv. Skibssergenten, som skal fremføre Paraden, kommanderer Ret!, og da er det et ganske kønt Syn at se de blaa Søgutter i snorlige Rakker paa det blanke Dæk.

Nu kommer Chefen i Spidsen for Skibets Officerer: Næstkommanderende, Overlægen, Intendanten, Overbaadsmanden o.s.v., alle i stiveste Puds kommer de gaaende ned langs Rækkerne. Derefter kommer Turen til alle Skibets indvendige Rum, hvor de, som der har deres faste Bestillinger, staar opstillet og maa svare til, om alt er i Orden. Saa er Paraden forbi, der skaffes, hvorefter Chefen giver Ordre til, at et af Kvartererne har Landlov"[6].

Efter 33 dage på Dannebrog blev Skjøt-Jens overført til - ligeledes eksercer- og kaserneskib i havnen - Dronning Marie. Chef her var Kaptajn Thorvald Braëm. Det var oprindelig en fregat søsat i 1824 med da 84 kanoner, men havde siden 1858 udelukkende været brugt som logiskib for værnepligtige. Den var større end Dannebrog, og havde oprindeligt haft en besætning på 771. Det var også betydeligt ældre og sang på absolut sidste vers, men ellers var det samme rutiner som på Dannebrog.

Efter 85 dage på Dronning Marie blev skibets officerer og mandskab inklusiv Skjøt-Jens overført til det nyindrettede kaserne- og vagtskib Sjælland. Her aftjente Skjøt-Jens de sidste 68 dage af sin værnepligt. Det var faktisk sådan, at de tre kaserneskibe han var på, var de tre kaserneskibe, som var i brug på skift det år. Han fulgte dermed årgangens værnepligtige lægdsrullemandskab i søværnet. Skruefregatten Sjælland med 42 kanoner var søsat så sent som 1858, og havde i 1864 været i kamp mod Preussen. Den var en del af flåden frem til 1885, hvor det blev indrettet som kaserneskib. Den blev som sådan taget i brug 8. august 1887, hvor Skøt-Jens og mandskabet fra Dronning Marie dagen efter blev indkvarteret som de første,[7]

At Sjælland var vagtskib vil sige, det skulle holde øje med den maritime trafik i havnen. Soldat 1030 - der aftjente sin værnepligt netop på Sjælland - giver en fin beskrivelse af vagtskibets funktion: "Foruden at være Kaserneskib er 'Sjælland' tillige Vagtskib. Herfra holdes nemlig Øje med alt, hvad der foregaar af Betydning baade paa Inder og Yderreden. I Merset paa Fokkemasten staar Dag og Nat Vagt (Udkigsmanden), der med sit væbnede Øje stadig afsøger Synskredsen. Saa snart f.eks. et Krigsskib, det være sig et fremmed eller et af vore egne, kommer til Syne i Horisonten, varskor Udkigsmanden det til den vagthavende Officer paa Broen. Han vedbliver at følge Skibets Bevægelser, varsko dets Retning, om det staar ud eller ind paa Rheden, Nationalitet, Navn, om det opankrer eller letter, afgiver Salut o.s.v. Den vagthavende Officer sender straks melding derom til Kontoret ombord, hvorfra det saa ... Rapporteret til Marineministeriet og Værftschefen.

Det gamle logiskib Dronning Marie i Flådens leje 1923 (malet af Christian Mølsted)

Naar et fremed Krigsskib passerer en Fæstning, f. eks. Kronborg eller Tre-kroner, hilser det ved at afgive Salut paa 7 eller 9 Skud, hvorefter Fæstningen svarer med samme antal Skud. Opankrer skibet paa Inder-Rheden, afgiver det at-ter Salut, som besvares fra Batteriet Sixtus, der ligger paa Holmen lige for 'Sjælland' og betjenes af Mandskab herfra. Her staar vel ca. 30 gamle Brumbasser, der trods deres formældede Udseende nok kan præstere nogle ret antagelige Brøl. Kongesaluten er 27 Skud. Naar en Prins eller Prinsesse lige er født, afgives ligele-des en Salut; Prinsen faar 27, medens Prinsessen maa nøjes med 21 Skud"[8].

Den 15. oktober blev Skjøt-Jens efter endt aftjening af værnepligt permitteret - altså hjemsendt. Han fik udleveret et mindre optjent beløb i hjemsendelsespenge, måtte afleverede sit militære tøj på depotet og fik atter i sit gamle civile tøj på. Soldat 1030 udtrykker forvandlingen for mange sådan: "Men sørgeligt er det at maatte sige at mangt et ungt Menneske, som hidtil var en af de flotteste Søgutter, nu forvandles til en rent ud sagt Las. Selv ham, der mødte uden Frakke og med de bare Fødder i 1½ Træsko gik derfra i akkurat samme Mundering"[9]. Noget tyder dog på, at selvom Skjøt-Jens var fattig, bestræbte han sig på ikke ligne en las. Nogle år forinden havde en gammel dame således beskrevet ham som "en ung ret velklædt mand"[10].

I seks måneder havde Skjøt-Jens levet under strengt regulerede former. I betragtning af hans tidligere problemer med autoriteter, er det bemærkelsesværdigt, at han ikke fik en eneste anmærkning i sin tjenestetid. Det var var nemlig ikke ualmindeligt, at nogle havde det svært med disciplinen. Eksempler mens Skjøt-Jens var på skibene var: Ureglementeret

Vagtskibet Sjælland 1888 (Nationalmuseet)

påklædning, ligge fuldt påklædt i køje, uorden med skibsgods, opsætsighed eller respektstridig opførsel over for overordnede, brud på skik og orden, slet begrundet klage over overmand, antruffen i at lade sit vand ved kabyssen, hvor vagten ved kabyssen også blev straffet for ikke at forhindre det, sovet på eller udført slet vagt, beruset under tjeneste, opgive forkert navn til skelvagt, stjæle betroede penge som skelvagt. Den mest almindelige forseelse var dog møde for sent fra landlov. Straffen for en forseelse var fra ekstra vagter til ophold i arresten og i grove tilfælde på vand og brød$_{11}$.

Noget tyder på, at Skjøt-Jens trivedes i sin tid i militæret. Der er dog efterfølgende spørgsmålet om, hvad han gjorde, da han gik fra borde. Soldat 1030 skriver om et udbredt problem: "... da vi skiltes og gik hver til sit uden for Værftsbroen, og hans (den hjemsendte soldat) Skillinger fik vel sagtens Lov til at blive i den første den bedste Knejpe". Et andet sted skriver han: "Det hænder da, at han faar for meget af de stærke Drikke, bliver af den Grund støjende og undertiden raa. Men dette er egentlig ikke ham selv. Det, er derimod ligesom et Udslag af det Overmaal af Kraft, han maaske har samlet paa i Maaneder, mens han paa sit Skib var ensom og i Tankerne forestillede sig, hvor godt det nu skulde smage, naar han igen satte Foden paa Land".

Vi ved ikke hvad Skjøt-Jens foretog sig i tiden umiddelbart efter, at han gik fra borde, men to uger efter - nærmere bestemt den 4. november klokken halv fem om eftermiddagen blev han anholdt for "drukkenskab" i Hjørring og indsat i arresten for at sove rusen ud. Han var da helt uden penge og har givetvis været ualmindelig fuld. Det udløste en bøde på 10 kroner, som han inden for en given frist skulle betale. Han blev løsladt den følgede dag over middag klokken halv et. Forløbet og hans senere forhold til alkohol kan indikere, at han i et eller andet omfang efter endt tjeneste gik på druk frem til anholdelsen$_{12}$.

Thi kendes for ret

Efter at have tilbragt natten i arresten ovenpå sin druktur tog Skjøt-Jens arbejde som tjenestekarl på Aastrup hovedgård sydvest for Hjørring, hvor han var indtil ind i november 1887. Han forlod her gården med en løn på tyve kroner, som han hurtigt brugte. Derefter tog han arbejde fjorten dage midt i november hos brænderiejer Segelcke på Springvandspladsen midt i Hjørring. Det var på det tidspunkt et stort brænderi med bestyrer og en halv snes tjenestekarle. Efterfølgende strejfede han rastløs og arbejdsløs rundt på egnen uden midler til sit underhold og uden at søge arbejde. Han levede af, hvad folk gav ham, der hvor han kom ind. Han understregede dog siden, at han ikke ligefrem bad nogen om noget.

Under sin omflakken besøgte han en dag sidst i november enken Maren Sander i Hjørring høje, som han kendte ganske godt fra tidligere. Her stjal han et par vanter. Det blev begyndelsen til en nedtur for Skjøt-Jens, frem til han en tidlig vintermorgen små to måneder senere klokken fem mandag den 16. januar 1888 blev anholdt af gendarmer i Kirkebakke-husene på Thise mark vest for Vester Brønderslev hos husmand Anton Madsen - kaldet Hjul-Anton₁.

Gendarmerne - kaldet de blå gendarmer grundet deres blå uniformer - var et korps, som skulle hjælpe politiet med at holde orden og havde samme beføjelser som dette. De var oprettet efter et attentatforsøg på regeringslederen J. B. S. Estrup nogle år tidligere. Tiden var under forfatningskampen, hvor Estrups regerede ved provisoriske love uden om de folkevalgte. Gendarmerne var derfor mange steder på landet forhadte. De blev set som Estrup-regeringens forlængede arm. Lokalt var yderligere det forhold, at der et par år siden havde været et stort slagsmål mellem lokalbefolkningen og gendarmerne under markedet i Vester Brønderslev₂. Selvom gendarmerne var upopulære, gav arrestationen af Skjøt-Jens ikke megen sympati for ham hos de lokale. Det at stjæle fra sine egne, der selv var fattige, var ikke velset.

Gendarmer i Hobro (Forsvarets arkiv)

Det var et af Skjøt-Jens ofre staldkarl Niels Thomas Thomsen på den store Kornumgård inde ved Vester Brønderslev, der havde fortalt gendarmerne, hvor de kunne finde ham. Der var da adskillige belastende anmeldelser om ham hos myndighederne. Han blev efter arrestationen ført til det nye ting- og arresthus i Jernbanegade i Hjørring, hvor han blev indsat klokken kvart i ni. Klokken halv 11 samme dag blev han fremstillet for dommeren i politiretten herredsfoged Edvard Gulstad, hvor han blev sigtet for tyveri, løsgængeri med videre. Han forsøgte ikke at benægte, men vedgik sigtelsen, og derefter som det hedder: "... for at sikre ham tilstedeblivelse, vil være nødvendigt at han belægges med personlig arrest...(og)... afgivet til bevogtning"₃.

De følgende tre uger blev en lang række forhold fremlagt og behandlet i retten, men først hvad der skete for Skjøt-Jens fra han sidst i november 1887 stjal et par vanter hos en enke i Hjørring høje, til han blev arresteret ved Thise en tidlig morgen midt i januar 1888.

Lad os starte ved begyndelsen: Under sin flakken om på egnen fra Tornby i nord til Vester Brønderslev i syd kom Skjøt-Jens som sagt en dag midt i november 1887 forbi enken Maren Sander i Hjørring høje. Hjørring høje er i dag nok mest kendt som Hjørring bjerge og ligger nu i den nordlige del af byen. Skjøt-Jens erklærede senere, at han ikke kunne huske, hvad han ville der. Han blev imidlertid natten over, for som konen udtrykte det: "... da hun ikke kunde blive af med ham". Omtrent fjorten dage senere savnede hun et par vanter, som havde ligget fast på en bænk i stuen. Hun erindrede da, at det netop var de vanter som Skjøt-Jens havde villet købe, men de havde ikke kunne blive enige om prisen. Han forklarede i retten, at da han et øjeblik var alene i stuen, fik han en øjeblikkelig indskydelse til at tage vanterne.

Omtrent otte dage senere solgte han dem til enken Maren Ovesens søn i Bagterp for 50 øre. Maren Ovesen fandt efterfølgende ud af, at van-

Hjørring Ting- og Arresthus i Jernbanegade ca. 1890-1910 (Historisk Arkiv Hjørring)

terne var stjålet. Hun opsøgte Maren Sander, der fik dem forevist, gen-
kendte dem og straks fik dem tilbage. Siden solgte Maren Sander vanter-
ne for 75 øre til anden side. Hun anmeldte aldrig tyveriet, men sagen kom
frem i forbindelse med et andet tyveri.

Dette tyveri fandt sted den 23. november, da Skjøt-Jens indfandt sig
hos førnævnt enke Maren Ovesen af Bagterp for at købe hvedebrød. Han
kom i den forbindelse i forhandling med enkens søn om salg af oven-
nævnte vanter. Sønnen tilbød 50 øre for dem, som Maren Ovesen efter-
følgende betalte med dels 25 øre og dels hvedebrød. Da hun tog pengene
i en lille blikdåse, der stod på en dragkiste i stuen, lagde Skjøt-Jens mær-
ke til, at der var flere penge i den. Da konen herefter gik ud efter brødet,
stak han den til sig. Lidt efter kom hun tilbage og lagde øjensynligt ikke
mærke til, at den var borte - i hvert fald sagde hun ikke noget.

Et stykke fra huset tømte Skjøt-Jens dåsens indhold. Det blev til en
krone og nogle øre, som han brugte de kommende dage. Den tomme då-
se kastede han fra sig, hvor den senere blev fundet. Dagen efter anmeldte
Maren Ovesen tyveriet[4].

Ugen efter - nærmere bestemt lørdag den 1. december - besøgte
Skjøt-Jens drejer Jens Peter Pedersen i Ilbjerge ved Ugilt sydøst for Hjør-
ring, som han kendte fra tidligere. Denne var en godt halvtresårig ungkarl,
som ernærede sig som kunstdrejer og rokkedrejer. Ifølge omrejsende fol-
kemindeforsker Evald Tang Kristensen var han tillige en uudtømmelig kilde
til gamle sagn og historier. Da drejeren under besøget et øjeblik var ude
af stuen, fik Skjøt-Jens øje på en potmonei oven på et skab. I den fandt
han en krone, som han stak til sig, hvorefter han lagde pungen på plads
igen. Han opdagede i skøningen ikke, at der faktisk lå yderligere 85 øre i
den. Da drejeren kom tilbage i stuen, bemærkede han ikke tyveriet, og
kort efter forlod Skjøt-Jens huset. Dagen efter besøgte han igen drejeren.
Da han her atter var alene i stuen et øjeblik, så han sit snit til at tage en
skive rugbrød og et stykke ost i et uaflåst skab. Igen opdagede drejeren
ikke noget. Efterfølgende savnede han imidlertid enkronen og madvarerne

Drejer Jens Peter Pedersen Ilbjerge 1895 (foto: Evald Tang Kristensen - Nationalmuseet)

og fattede straks mistanke til Skjøt-Jens. Han erklærede dog siden, at det ikke så meget var den stjålne krone, brødet og osten, der gjorde noget, som det der skete et par dage senere.

Tirsdag den 3. december forlod drejeren sit hus om aftenen ved 8-9 tiden og gik ind mod byen. Kort efter kom Skjøt-Jens for endnu engang at besøge ham, men fandt huset mørkt og forladt. Den vestre indgangsdør var aflåst, men den østre indgangsdør var tillukket med et udvendigt overfald, hvortil egentlig hørte en hængelås, men i stedet var anbragt en slå. Skjøt-Jens gik ind i huset og ind i stuen. Her tændte han lys og ende-vendte skabene. I skabet han tidligere havde taget brød og ost, fandt han nogle salte sild, som han straks fortærede. I de andre skabe havde han håbet at finde penge, men fandt en tobladet foldekniv med sort skaft og nogle "kasser svovlstikker" - altså æsker tændstikker. Han stak både kniv og tændstikker til sig.

Skjøt-Jens blev i huset nogen tid. Da drejeren omkring klokken 11 kom hjem, så han udefra, at der var lys i stuen, men da han havde hængt noget for vinduerne, kunne han ikke se, hvem det var. Idet han gik ind i stuen, blev lyset slukket. Da Skjøt-Jens spurgte, hvem det var, kunne han kende ham på stemmen. Drejeren fik tændt lys og kunne nu se, at der var vendt op og ned på alt i et af skabene, og de alle stod åbne. Han kunne også se, at der mangle nogle ting. Han spurgte Skjøt-Jens, hvor turde han komme i hans hus på denne tid. Skøt-Jens svarede blot, at det gjorde vel ikke noget. Drejeren turde ikke beskylde ham for tyveri, da han var alene med ham. Han var dog ikke mere bange, end da Skjøt-Jens forlangte at få natlogi, afslog han. Skjøt-Jens gik herefter.

Den følgende dag traf drejeren ham hos naboen. Her sigtede han ham så for tyverierne. Skjøt-Jens erkendte, at havde taget noget brød og ost, men nægtede at have taget andet. Drejeren endte nogle dage efter med at melde tyverierne. Senere under retssagen tilstod Skjøt-Jens umid-delbart stort set alle andre forhold, men tyveriet hos drejeren nægtede han længe, inden han endelig tilstod. Et kvalificeret gæt kunne være, at han havde det skidt med at have stjålet gentagne gange fra en, som han var på venskabelig fod med. Drejeren på sin side erklærede, at de stjålne fødevarer kun havde ringe værdi, men kniven var et par kroner værd. Han ville i det hele taget godt have den tilbage. Skjøt-Jens synes vurderingen på et par kroner var meget høj, da han senere havde solgt den til en ham ukendt person for 25 øre. Drejeren afslog dog at kræve erstatning[5].

Et par dage efter tyverierne hos drejer Jens Peter Pedersen - nærmere bestemt den 6. december - indfandt Skjøt-Jens sig ved aftenstid i et hus på Lørslev hede på nordre side af vejen fra Ildbro til Ugilt kirke og bad om et glas vand. Han vidste ikke, hvem der boede der. Det gjorde imidlertid enken Boholt og hendes datter Nikoline Dorthea Nielsen. Han gjorde ikke mine til at gå videre, og henad klokken 11 forlangte han at få noget at spise. Det fik han så, hvorefter han gik. Den følgende morgen savnede enkens datter en grå muffedise med en hvid og en brun kant, som havde ligget fremme i stuen på en dragkiste. Da der ikke havde været andre hos dem end Skjøt-Jens, antog hun, at det var ham, der havde stjålet den. Og ganske rigtigt, han havde under besøget fundet lejlighed til ubemærket at tilegne sig den.

Den stjålne muffedise prøvede Skjøt-Jens siden midt på måneden at sælge under et besøg hos indsidder Thomas Peter Nielsen i Sønder Harritslev sydvest for Hjørring. Denne ville imidlertid ikke købe den, og det endte med Skjøt-Jens ville forære ham den. Han ville dog heller ikke have den, da han ikke brød sig om den og ikke brugte muffedise. Det endte med, at Skjøt-Jens lod den ligge, da han gik. Og nej - de talte ikke om, hvorfra han havde dem.

Under retssagen troede myndighederne først, at en i Skjøt-Jens ejendele beslaglagt muffedise var den stjålne. Det viste sig dog, at den havde han købt i København under sin militærtjeneste. De fandt dog den korrekte ved en ny ransagning. Efter denne forvikling, fik Nikoline Dorthea Nielsen sin muffedise tilbage[6].

Efterfølgende på de kolde dage ved juletid søgte Skjøt-Jens om aftenen mod stalde og lader. En aften i juledagene søgte han således natlogi i hestestalden hos sognefoden Jacob Christian Iversen i Tornby. Han kendte gården rigtigt godt, da han tidligere havde været der som tjeneste-karl. I stalden hang en frakke, som han under-søgte lommerne i og fandt et par vanter. Dem stak han til sig. Det blev dog ikke til natlogi, da gårdhunden stillede sig ude foran stalden og gø-ede voldsomt. Han forlod skyndsomt gården.

Sognefoged Jacob Christian Iversen i Tornby

Det specielle ved denne sag var, at sognefogeden ikke opdagede ty-veriet og derfor ikke anmeldte det. Han erklærede senere i retten, at han ikke havde savnet vanterne. Som han sagde, der hænger undertiden i stalden en frakke, og der kan godt deri have ligget et par vanter. Skjøt-Jens var imidlertid endnu i besiddelse af dem ved anholdelsen. Forevist vanterne indrømmede sognefogeden at have haft et par lignede, men som han sagde, de var i bedre tilstand end disse. Skjøt-Jens på sin side in-drømmede, at vanterne var i en noget bedre tilstand, da han stjal dem. Den eneste grund til sagen kom frem var, at Skjøt-Jens på et tidspunkt øjensynligt besluttede sig for at gøre rent bord og tilstod et par ikke an-meldte tyverier[7].

Nytårsnat overnattede Skjøt-Jens i Thise i husmand Niels Jacobsens lade. Han vidste ikke, hvem huset og laden tilhørte. Han havde heller ikke fået tilladelse. Døren til laden havde været lukket indvendig fra med en krog, men han havde hurtigt fundet ud af, at han kunne åbne den ved at stikke sin arm ind gennem et hul ved siden af døren og løfte krogen af. Da han om morgenen ville forlade laden, lagde han mærke til et par træsko. Hans fødder var ømme, da de sko han gik med klemte. Han tog derfor træskoene. Senere på morgenen bemærkede Niels Jacobsen, at døren til laden stod åben, selvom han med sikkerhed havde lukket den om aftenen. Og et par dage efter savnede han så træskoene.

Ud over stalde og lader som natlogi i den kolde tid, besøgte Skjøt-Jens også så mange mennesker som muligt, for at komme indendørs og få varme. Han gik derfor nytårsmorgen direkte fra sin overnatning i Niels Jacobsens lade ud til husmand Anton Madsen - kaldet Hjul-Anton - i Kirke-bakkehusene på Thise mark. Denne var en fattig hus- og hjulmand, som boede her med sin familie. Skjøt-Jens kendte ham ikke særligt godt, men gjorde som sagt meget for at komme ind et sted og få varme. Da han kom, var han iført træskoene og bar på sine egne sko. Da han gik igen om eftermiddagen syntes han godt, at han kunne gå i skoene igen og lod træskoene stå, idet han opgav, at han ville komme og hente dem om et par dage. Nogle dage efter dette besøg af Skjøt-Jens mødte Hjul-Anton tilfældigt husmand Niels Jacobsen. Han fortalte denne, at en person hav-de efterladt et par træsko hos ham. Niels Jacobsen blev nysgerrig med tanke på sine savnede træsko. De gik derfor hjem til Hjul-Anton og tog i dem i øjensyn. Niels Jacobsen genkendte dem straks og fik dem således igen[8].

Tilbage til Skjøt-Jens, som fra sit besøg nytårsdag hos Hjul-Anton gik videre til den nærtliggende store hovedgård Vester Kornum tæt på Vester Brønderslev for at besøge forvalteren, som han kendte. Han ankom ud på eftermiddagen ved firetiden. Forvalteren var imidlertid ikke hjemme. Uag-tet dette blev han dagen ud og snakkede med tjenestefolkene. Ved aften-tid spurgte han, om der ikke var en ledig seng for natlogi. Røgteren fortalte, at karlen Niels Thomsen var væk for natten, men han kunne ikke lide andre sov i hans seng. Røgteren mente dog nok, det måtte kunne gå, hvis Skjøt-Jens forlod gården inden staldkarlen kom hjem. De aftalte, at røgteren skulle vække Skjøt-Jens den følgende morgen tidligt, hvad han så gjorde.

Da Skjøt-Jens ville forlade kammeret, lagde han mærke til, at der under bordet stod et par træskostøvler. Han besluttede at tage dem med sig, hvorefter han forlod gården ubemærket i ly af mørket. Et lille stykke borte, iførte han sig de stjålne støvler. Staldkarlen Niels Thomas Thomsen mente efterfølgende, at han denne morgen på vej hjem til gården faktisk

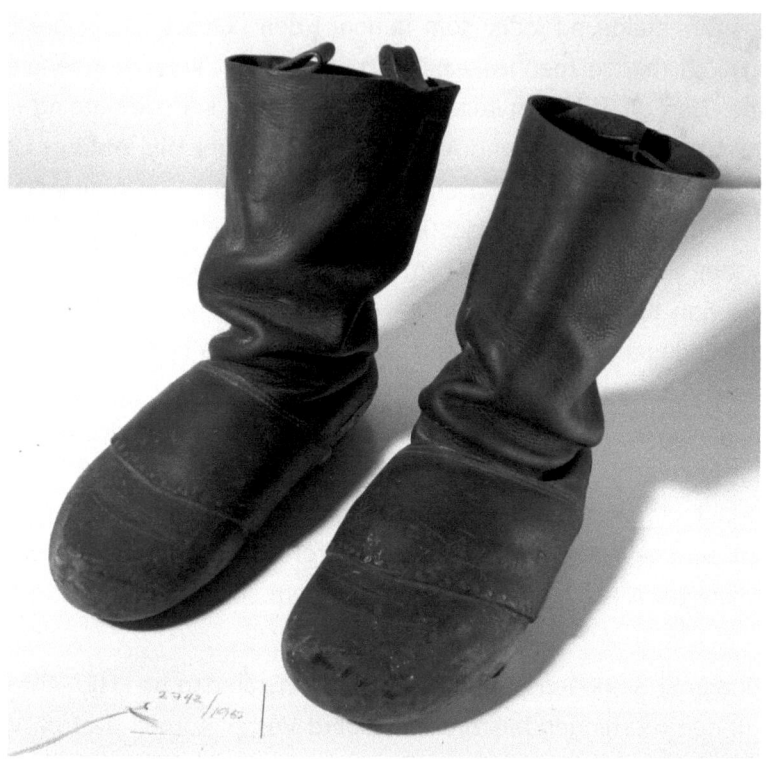

Træskostøvler (Nationalmuseet)

havde set Skjøt-Jens. Staldkarlen blev dog først klar over, at det måtte være tyven, da han kom ind i sit kammer og så, at træskostøvlerne var væk. Han meldte straks tyveriet til gendarmerne. Senere i forbindelse med retssagen, fik staldkarl Niels Thomas Thomsen sine træskostøvler tilbage, da Skjøt-Jens stadig havde dem ved anholdelsen. Det var i øvrigt dette tyveri, som direkte førte til anholdelsen - mere om det senere[9].

Inden anholdelsen nåede Skjøt-Jens nemlig at begå sit mest alvorlige tyveri. En uge inde i det nye år 1888 besøgte han den gamle husmand Anders Poulsen i Vrå. Han var en gammel meget tunghør ungkarl, der hele sit liv havde arbejdet som tjenestekarl, men for relativt nyligt havde slået sig ned i eget lille hus og ernærede sig som arbejdsmand. Under besøget viste han Skjøt-Jens sin pung med 5-6 kroner. Han ville sandsynligvis vise, hvor godt det gik ham. Skjøt-Jens omtalte ham respektløst i retten som en gammel nar, fordi han havde vist ham pengene. Det var den eneste gang, at han i retten viste foragt for et af sine ofte, men måske var det ment som et ugennemtænkt forsøg på selvforsvar.

En lille uge senere fredag den 13. januar 1888 følte Anders Poulsen sig dårlig tilpas, hvorfor han klokken syv om aftenen låste døren til huset og gik i seng. Imens drev Skjøt-Jens omkring i Vrå og var aldeles blottet for penge. Han besluttede derfor at bryde ind hos Anders Poulsen. Klokken otte begav han sig til dennes hus, hvor det var helt mørkt. Han sluttede deraf, at Anders Poulsen var gået i seng. Døren var lukket, og nøglen taget af, så den vej kunne han ikke komme ind. Han gik derfor om på den sydlige side af huset til et vindue ind til den østlige stue, hvori han med hånden smadrede en rude. Han stak herefter hånden ind gennem åbningen og tog vindueskrogen af. Nu kunne han åbne vinduet og stige ind. Mellem østerstuen og sovekammeret, hvor Anders Poulsen lå, var en gang med døre i hver ende. De var lukkede men ikke låst. Da Skjøt-Jens vidste, at den gamle var stokdøv, nærede han ingen bekymring for, at denne skulle vågne. Det var så lyst i vejret, Skjøt-Jens kunne skimte den sovende. Han vidste, at Anders Poulsens benklæder med hans pung plejede at ligge i sengens fodende. Og ganske rigtigt bukserne lå på sin vante plads. Skjøt-Jens undersøgte benklædernes lommer, hvori han fandt pungen, som han stak til sig. Herefter lagde han bukserne på plads og forlod huset ad samme vej, som han var kommet ind. Alt sammen uden Anders Poulsen vågnede. Han opdagede imidlertid om morgenen med det samme indbruddet og tyveriet, hvorefter han straks anmeldte det. Skjøt-Jens blev derfor i løbet af lørdag den 14. januar officielt eftersøgt af myndighederne.

Skjøt-Jens havde efter indbruddet begivet sig nordpå til Smidstrup, hvor han tilbragte natten i et kohus på en gård. Hvem gården tilhørte, vidste han ikke, men han hævdede, at ejeren gav ham tilladelse. Den følgende morgen undersøgte han pungen og dens indhold. Det var en potmonei. Han huskede det som, at den indeholdt 4 kroner og nogle øre samt 2 gamle skillinger. Anders Poulsen var dog sikker på, at der havde været 5 kroner, 50 øre og 3 gamle mønter. Ved anholdelsen var der dog kun 2 kroner, 68 øre og de 2 gamle mønter tilbage. Anders Poulsen var især ked af, at den sidste gamle mønt - en mark fra 1715 - var borte. Skjøt-Jens forklarede, at han havde særskilt lagt de gamle mønter i lommen, og han måtte da have tabt den ene af dem. Han begav sig nu videre til Vrensted og herfra til Thise. Natten mellem lørdag og søndag logerede han hos Hjul-Mads i Vrensted, og den følgende nat hos Hjul-Anton i Kirkebakkehusene på Thise Mark, hvor han tidligt om morgenen blev anholdt af gendarmerne. Han var da endnu i besiddelse af den stjålne pung. De manglende penge havde han brugt på mad og drikke. Både Hjul-Mads og Hjul-Anton havde deltaget i fortæringen, men Skjøt-Jens havde ikke fortalt dem, hvordan han var kommet til penge[10].

Det var ikke den netop udsendte efterlysning efter indbruddet i Vrå, men det tidligere tyveri af træskostøvler, der førte til anholdelsen. Da Skjøt-Jens ved årets begyndelse havde besøgt Hjul-Anton, havde han som sagt være iført de fra husmand Niels Jacobsen i Thise stjålne træsko og bar på sine egne sko. Da han gik og lod træskoene stå, fandt Hjul-Anton som tidligere fortalt efterfølgende ud af, at de var stjålne. Da Skjøt-Jens derfor den 15. januar kom og var iført et par træskostøvler, som han ikke havde ved forrige besøg, foreholdt Hjul-Anton ham afsløringen af de stjålne træsko og spurgt til træskostøvlerne. Skjøt-Jens indrømmede, at han også havde stjålet disse og fortalte yderligere fra hvem. Det kan se ud som, at han resignerede! Hjul-Anton sendte derefter bud til træskostøvlernes ejermand staldkarl Niels Thomas Thomsen på Vester Kornum, som gik til gendarmerne i Vester Brønderslev. Den følgende morgen klokken fire blev Skjøt-Jens så anholdt[11].

Efter godt fem uger i Hjørring arrest og en halv snes forhør i politiretten blev Skjøt-Jens den 25. februar 1888 dømt i Børglum herredsret for tyveri, lediggang og betleri, hvilket blev sammenholdt med hans tidligere straffe. Efter dommeren havde procederet, forkyndte han straffen: "Thi

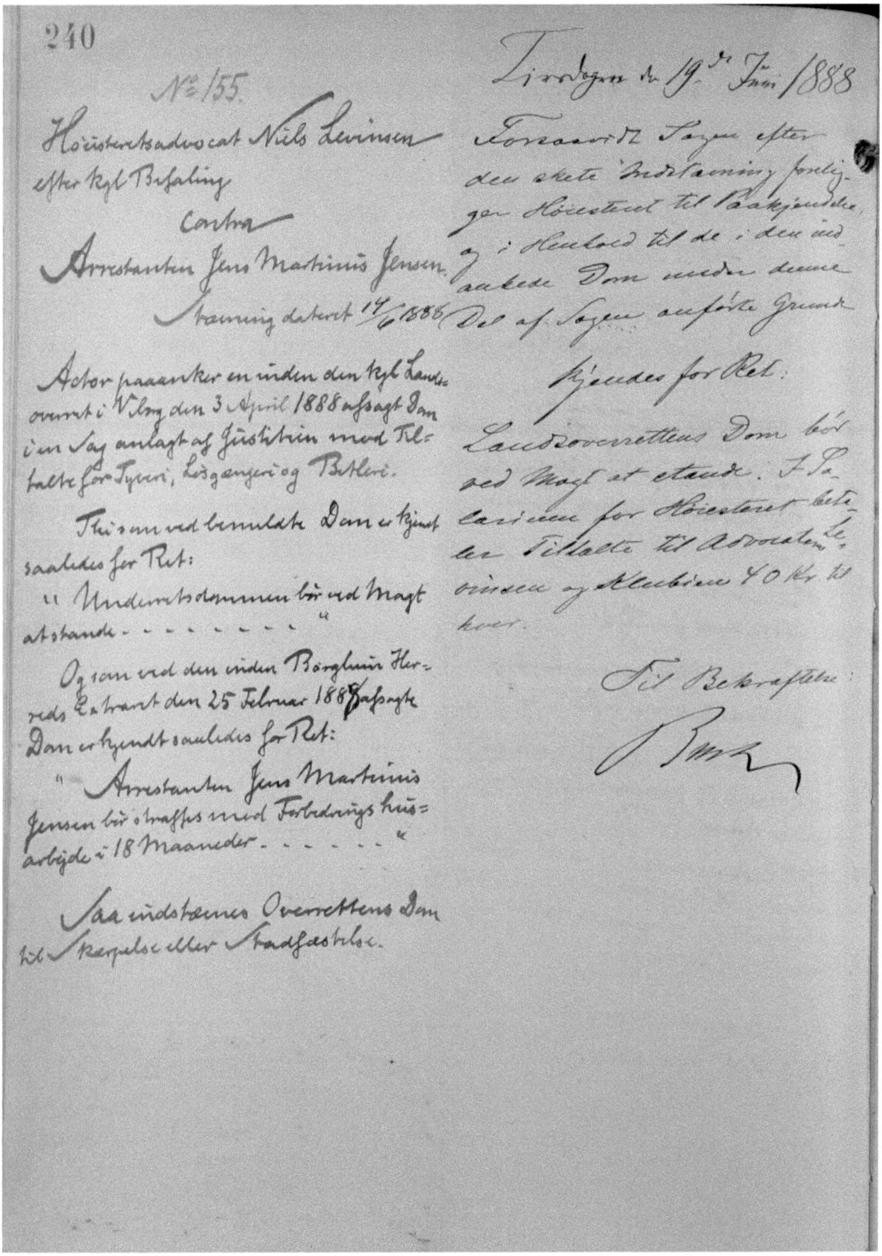
240

No 155.

Höiesteretsadvocat Niels Levinsen
efter Kgl Befaling
contra
Arrestanten Jens Martinus Jensen.
Stævning dateret 14/6 1888.

Actor paaanker en inden den Kgl Landsoverret i Viborg den 3 April 1888 afsagt Dom i en Sag anlagt af Justitien mod Tiltalte for Tyveri, Løsgængeri og Betleri.

Thi som ved benævnte Dom er kjendt saaledes for Ret:
"Underretsdommen bör ved Magt at stande - - - - - - - -"

Og som ved den inden Börglum Herreds Extraret den 25 Februar 1888 afsagte Dom er kjendt saaledes for Ret:
"Arrestanten Jens Martinus Jensen bör straffes med Forbedringshusarbeide i 18 Maaneder - - - - - -"

Saa indstævnes Overrettens Dom til Skjærpelse eller Stadfæstelse.

Tirsdagen den 19de Juni 1888

Foretoges Sagen efter den skete Indstævning foreliggende Höiesteret til Paakjendelse, og i Henhold til de i den indankede Dom under denne Del af Sagen anførte Grunde

Kjendes for Ret:

Landsoverrettens Dom bör ved Magt at stande. I Salarium for Höiesteret betaler Tiltalte til Advocaterne Levinsen og Klubien 40 Kr til hver.

Til Bekræftelse:
[illegible]

Højesterets stadsfæstelse af dommen den 19. juni 1888 (Rigsarkivet)

kendes for ret arrestanten Jens Martinus Jensen bør straffes med forbedringshus-arbejde i 18 måneder". Staffens omfang chokerede øjensynligt Skjøt-Jens, så han appellerede dommen. Han forblev i arresten, mens sagen blev be-handlet i appelretten. Det vil sige, fra den 27. marts klokken 9 formiddag til den 29. marts samme tid, afsonede han midt i varetægtsfængslingen bøden på ti kroner for drukkenskab i november året før. De to dages afso-ning, gjorde dog ingen forskel for hans ophold eller situation.

Sagsakterne blev efter appellen sendt til Viborg, hvor den kongelige landsoverret behandlede sagen på et retsmøde den 3. april. Der var to landsoverretter, hvor den vestlige lå i Viborg. Landsoverretterne var anden instans for appelsager afsagt i underretterne (by- og herredsretterne). Sagsbehandlingen var her udelukkende vurdering af det skriftlige materia-le fra underretterne. Afgørelser blev afgjort af fem dommere. Et stort an-tal appelsager betød ofte ventetid. Resultatet af landsoverrettens behandling blev: "Thi kendes for ret underretsdommen bør ved magt at stande". Sagen blev herefter sendt videre til højesteret i Bernstorffs Palæ i Bred-gade inde i København, som skulle afgøre om straffen skulle skærpes eller stadfæstes. Det endelige resultat blev den 19. juni 1888 afsagt og var en stadfæstet af under- og overrettens dom. Udover straffen skulle Skjøt-Jens betale alle sagens omkostninger. Det beløb sig for herredsretten til 27 kroner og for de højere instanser i alt 120 kroner - et svimlende beløb for Skjøt-Jens[12].

Forbedringshuset

Ugen efter højesterets afgørelse blev Skjøt-Jens den 26. juni 1888 tidlig eftermiddag klokken kvart i 1 ført ud af sin celle i Hjørring arrest og transporteret til straffeanbringelse i Vridsløselille forbedringshus vest for København, hvortil han ankom den følgende formiddag. Vi får her en betydelig viden om hans fremtoning. Protokolskriveren i Hjørring arrest beskrev ham ved afrejsen som sund, middelvægt, svære lemmer, mørkt hår, blå øjne og ellers ingen kendetegn. Fortegnelsen over hans beklædningsstykker var en brun bomuldsjakke, en blå vadmelsvest, et par ligeledes blå vadmels benklæder, en lærredsskjorte, en sort satinkrave, et par grå uldsokker, et rødt lommetørklæde, en sort filthat og et par snøresko.

Ved ankomsten til Vridsløselille forbedringshus blev Skjøt-Jens til fange nummer 243. Indskrivningsregistreringen af ham var rimelig detaljeret. Indledningsvis blev noteret, at han var 24 år, ugift, uden børn, tidligere straffet og arbejdsmand - hjemme i Vendsyssel havde man brugt det mere landlige arbejdskarl. Hans højde var 64½ tomme - altså 168 centimeter, hvilket var meget lig den daværende gennemsnitshøjde for mænd. Det er her bemærkelsesværdigt, at året forinden var han i forbindelse med hans militærtjeneste blevet målt til 63¾ tomme - altså blot 162 centimeter. Signalementer var videre firskåren figur, stærke lemmer, mørkt hår, brune øjne, lille bred næse og sund ansigtsfarve. Han talte dansk, samt han kunne læse og skrive. Det sidste var trods skolepligt ikke en selvfølge i forbedringshuset. Derudover var særlige kendetegn, at han var hjulbenet og tatoveret på arme og hænder. Tatoveringerne er det ikke usandsynligt, han havde fra sin tid som marinesoldat. Hans ejendele blev vurderet til en værdi af 14 kroner og 20 øre. Endelig blev hans familieforhold og hidtidige liv kort beskrevet. Hans baggrund har her henholdsvis en negativ og positiv ladet side. Negativt var: Uægte, har halvsøster, moder fattighjælp, opvokset på fattiggård, senest drevet om, hans domme og til sidst tilføjet en vurdering af ham som ligegyldig. Positivt var blot: Han havde tjent et sted halvandet år og været marinesoldat[1].

Hvad var det for et sted, Jens Martinus var kommet til? Først lidt baggrund: Fra midten af 1800-tallet gik samfundet fra 16-1700-tallets tugthuse og brutale offentlige afstraffelse - hvor straf skulle være gengældelse - til forbedring af indsatte eller med et moderne ord resocialisering. Dog skulle straf stadig være afskrækkende og styrke befolkningens retsfølelse. Vridsløselille forbedringshus var et celle- og isolationsfængsel. Det betød, fangerne var isoleret totalt fra hinanden, tilbragte deres tid i cellen, hvor også arbejde skulle finde sted. Ved nødvendig færden uden for cellen skulle de bære maske for ikke at kunne se hinanden. De eneste brud på ensomheden var korte besøg af fængselspræsten og fængselslæreren samt ved gudtjeneste og undervisning. Fængslets kirke og skole var imidlertid indrettet som amfiteater, hvor alle indsatte sad isolerede i små bokse, mens præsten og skolelæreren var placeret højt over dem. Det var således tanken, at man skulle kunne afsone flere års straf uden nogensinde at se sine medfangers ansigt eller tale med dem. Ideen stammede fra den religiøse bevægelse kvækerne i Philadelphia i USA. Gennem kristelig påvirkning skulle de indsatte gøres til nyttige samfundsborgere. Midlet var bibellæsning og opbyggelige samtaler. En stærk religiøsitet var således nøglebegrebet. Forfatteren Charles Dickens beskrev dog en anden virkelighed efter et besøg i fængslet i Philadelphia, at fangerne blev levende begravet og kom ud som mentalt skadede personer[2].

Vridsløselille forbedringshus åbnede 1859. Det var kopieret efter Pennsylvania-systemet med plads til små 400 fanger. Da Jens Martinus sad der, var der fast omkring 360. Det var bygget i en femkantet stjerneform, hvor de fire var fangefløje. Derved kunne alle fangernes aktivitet overvåges centralt. Cellerne var 6 gange 3 alen (eller mere forståeligt 6 kvadratmeter). Der var et lille vindue med tremmer for, hvor udsigten var marker og for enkelte indsatte jernbanen mellem København og Roskilde. Inventaret i cellen var en stol og et bord, der var fastgjort i gulvet, samt en hylde til madskål og småting. Gulvet i cellerne var asfalt. Fangerne sov

Maleri af Vridsløselille Forbedringshus (Albertslund Lokalhistorisk Samling)

i hængekøjer, der hang på tværs i cellen og blev taget ned om dagen. Noget helt nyt i samtiden var, at hver celle havde indlagt vand, vaske-kumme og kloset. Yderligere havde de en gaslampe, og dele af fængslet var opvarmet. Disse forhold havde ikke mange i det omliggende samfund. Det skal dog tilføjes, at i frostvejr om vinteren frøs vandsystemet, og så var vaskekumme og kloset ikke meget bevendt. Toiletpapir var der ikke, men for en fattig fra landet som Jens Martinus var det helt normalt. Vand fra vaskekumme og kloset løb ud i en ikke overdækket bæk, som kunne lugte særdeles ulækkert - bækken løb fra fængslet, gennem Vallensbæk landsby og ud i Køge bugt. Udover kloak lugtede gassen i cellen. For en-den af hver fangefløj var tyve smalle aflange gårde isoleret fra hinanden, hvor fangerne isoleret fra hinanden kom på en times gårdtur om dagen. Baderummene til fangerne blev ligeledes benyttet individuelt isoleret fra de øvrige fanger₃.

Fangedragten var ens for alle fanger i et groft gult og gråt klæde. Inde havde de filtsko og ude trætøfler på. Hætten der dækkede hovedet uden for cellen, var i samme stof som dragten. Dagene gik som følger: De stod om sommeren op klokken 5 om morgenen og om vinteren en time senere, vaskede sig, gjorde cellen ren og hang hængekøjen til side. De

Fange med hætte over hovedet (Albertslund Lokalhistorisk Samling)

vaskede cellens gulv i koldt vand uden sæbe med en gammel undertrøje dyppet i toilettet. Derefter spiste de morgenmad (på det tid kaldt frokost) og arbejdede indtil middagsmad (som mange i dag kalder frokost). De arbejdede som tidligere nævnt isoleret alene i cellerne, hvor de nødvendige arbejdsredskaber blev opbevaret. Arbejdet var at producere noget af værdi, der kunne omsættes af fængslet. Det var eksempelvis fremstilling af redskaber eller beklædning. De færdige varer blev dels aftaget af et privat selskab eller solgt/brugt af fængslet. Jens Martinus vævede. Sammen med børstenbinding var det et af de mest almindelige arbejder. Hvorvidt han var god til det, står der intet om i han papirer, men hans manglende arbejdslyst var derimod udtalt. Han blev i de sidste uger af sin afsoning flyttet til tøjvasken. Arbejdet fortsatte indtil aftensmad. Sengetig var klokken 8. Arbejdsdagen var normalt omkring godt 11 timer. Fangerne fik efter tre måneders afsoning en minimal betaling for arbejdet, som dels blev udbetalt løbende til fornødenheder som skråtobak eller udbetalt ved løsladelse. Der var herudover to daglige gårdture i isolation. Hvis man uden for cellen passerede en anden ligeledes maskeret fange, var der strengt kontakt- og samtaleforbud.

Fængselscelle 1870 (Vridsløselille Fængselsmuseum)

Middagsmaden var to gange ugentligt vandgrød og sild, to gange rumfordsuppe (en form for gule ærter lavet billigt på gryn og tørrede ærter) og to gange ærter eller kål kogt på flæsk. Søndag var det enten suppe kogt på oksekød eller ærtesuppe kogt på flæsk. Derudover fik de 2 pund (et kilo) rugbrød og 1/2 pot (ca. 1/2 liter) øl om dagen. Hvordan Jens Martinus opfattede maden ved vi ikke, men socialisten og journalisten Poul Gelleff beskrev samme kost knap en snes år tidligere: "Da det blev middag, blev klappen i døren åbnet, og et kar ærter blev skubbet ind. På væggen over hylderne hang en træske og en trækniv. Der var ingen gaffel. Kniven kunne kun bruges til at smøre med. Ærterne smagte ikke godt, så kun knap halvdelen blev spist". Socialistlederen Louis Pio - der sad fængslet samtidig med Geleff - kunne kun holde rugbrødet i sig og blev alvorlig syg. Under fængselsopholdet tabte han ti tænder, og da han blev løsladt var hans helbred ødelagt. Jens Martinus klarede sig øjensynligt, dog fik han halvan-

Fængselskirken 1890 (Vridsløselille Fængselsmuseum)

den måned midt på vinteren et halvt rugbrød i særforplejning. Årsagen kunne være, at han fysisk havde svært ved at få kalorier nok i vinterkulden. Den ensidige kost sammenholdt med for lidt motion betød dog fordøjelsesbesvær, manglende appetit og nedtrykthed hos mange. Som en ringe kompensation var der indført blodbudding en gang om ugen. Kosten var dog så mangelfuld, at et halvt år efter Jens Martinus forlod fængslet blev den revideret₄.

Der var for unge fanger tolv timers ugentligt tvungen skoleundervisning. Den foregik i et skolelokale med plads til 72 fanger. Søndag var der tvungen kirkegang med gudstjeneste og en times salmesang. Kirken var placeret i den femte fløj og havde plads til 270 af gangen. Det var en høj lys sal, men i både skole og kirke var fangerne som sagt isoleret fra hinanden og uden mulighed for kommunikation. Set udefra er kirken placeret under spiret, som er et slags vartegn for fængslet. Der var også en sygeafdeling og mørkt fangehul til disciplinærstraffe, men ingen af disse kom Jens Martinus til at stifte bekendtskab med₅.

Hvordan taklede Jens Martinus fængselslivet? Det fortæller fængslets stamrulle en del om. Hans reaktion ved indskrivningen blev som tidligere nævnt noteret som ligegyldig. Han blev herefter vurderet med mellemrum. Umiddelbart efter ankomsten skrev inspektøren: "Vistnok godt begavet men forsømt, gemytlig, ligeglad og sandelig ligevis uden arbejdslyst". Efter tre måneder blev noteret: "Uvidende og ligeglad", efter et halvt år blot: "Som forrige gang" og efter trekvart år: "Uden drift og alvor". Ved fangernes løsladelse, blev de vurderet i en skematisk inddeling. Den bestod af syv grupper, der beroede på fangernes umiddelbare reaktionsmønster og psykiske tilstand. Det var forhold, som var de angrede, havde staffen heldig virkning, snakkede de en efter munden, var de urolige, voldsomme, lidenskabsløse, slappe eller sindssyge. Jens Martinus blev her rubriceret i gruppe 5, som var de træge, seje eller lidenskabsløse. Det skal her nævnes, at det også var den mest almindelige gruppe, hvor hver femte indsat blev placeret.

Udover grupperingen havde fængslet et belønningssystem, hvor fangerne blev placeret i et klassesystem bestående af fire klasser. Det blev kaldt det progressive system. Placeringen havde betydning for fangens mulighed for eksempelvis at købe skråtobak, ligesom den havde indflydelse på benådning, undervisningstilbud og støtte. Ved ankomsten blev fangerne placeret i klasse 1, hvor de efter tre måneder for førstegangsfanger ved tilfredsstillende opførsel kunne rykke en klasse op. Omvendt kunne de forblive eller rykke en klasse ned som straf, hvis de overtrådte fængslets regler. Sidstnævnte var et almindeligt disciplinærmiddel. Trods Jens Martinus ligegyldighed, havde fængslet aldrig problemer med ham. Han overtrådte ikke fængslets retningslinjer eller var syg. Han blev derfor hver tredje måned planmæssigt rykket en klasse op. Den eneste særbehandling han fik under sin afsoning var, at han i efteråret efter sin ankomst fik en uldtrøje. Det vil sige, en belønning i belønningssystemet var at måtte skrive et brev. Efter et halv år skrev Jens Martinus et sådan - det eneste under afsoningen[6]. Det fremgår ikke til hvem, men den eneste oplagte mulighed må være hans lillesøster Ane Marie. Hun var på dette tidspunkt stadig tjenestepige hjemme i Vendsyssel, men kort efter blev hun gravid og gift med faren til barnet Thomas Thomsen fra Tostrup. De slog sig først ned i Tise, men flyttede kort efter til Stenum mellem Løkken og Brønderslev, hvor han gik som daglejer på gårdene omkring. De fik en håndfuld børn og levede her der resten af deres dage. Ane Marie døde her som aldersrentenyder (datidens folkepension) 65 år gammel i 1932 - ti år efter sin ægtefælles død[7]. Det var en tilværelse som fattig, men hun brød ud af opvæksten som fattiglems- og fattiggårdsbarn.

Tilbage til Jens Martinus. Hvad siger det beskrevne om fængselssystemet om ham under hans ophold? Allerede sidst i 1860'erne var fængselsinspektøren klar over, at isolationen i Vridsløselille forbedringshus havde omfattende skadevirkninger. En række fanger blev forvirrede, søvnløse, paranoide, kraftløse og fik hallucinationer - nogle blev decideret sindssyge. Inspektørens modstand mod isolation, ændrede dog ikke politikernes opfattelse og vilje til at ændre forholdene. Vi kan selvfølgelig ikke

Jens Martinus Jensen, Løkken.

Doms Nr. 8758 Fange Nr. 243 Rec. Nr.

indsat til Forbedringshus-Arbejde paa 1½ Aar
ifølge Dom i 1ste Instants _Børglum Herreds Ex_ _afsendt 28 Februar 1888 (1½ år)_
— — 2den — _Viborg Landsover ret 3 April 1888_
— — 3die — _Højesteret 19 Juni 1888._

afleveret til Straffeanstalten den _27 Juni 1888_ _tirsd_ fra _Hjørring Sikkerheds_ Arrest.
Straffetiden udløber den _27. Juni 1889_ afgaaet den _27 x 1889 kl. 5._

Højde 64½		Figur	_finnem_		Værnepligtig eller Søindrulleret				
Lemmer	_stærke_	Haar	_mørt_	Udskrivningskreds	Lægd.	Bogstav.	Nr.	Anmærkning	
Øjne	_brune_	Næse	_lille bred_						
Ansigtsfarve	_sund_	Taler	_dansk_	_Marinesoldat 1887_					
Særdeles Kjendemærke: _mulbæret. Tatoveret paa_									
venstre Haanden									

		Tidligere Straffe:	
Fødested	_Børglum Fløreby_	_1/3 fe Rødding Tyrm 1881_	
Forsørgelsessted	_Kommune Hjørring Amt_	_8 Dsp de Br de Bell 1884_	
Sidste Opholdssted	_Løkken_	_4x8 de 1886_	

Næringsvej _Arbmd_
Alder _27 Aar, f 17/2 64_
Religion _Ev luth_ konfirmeret _ja_
Kan læse _ja_ kan skrive _ja_
Er _u_ gift, har _ugm_ Børn, er separeret
Sundhedstilstanden ved Ankomsten:

god   _1888_

Medbragt at Penge eller Dokumenter:	Forbrydelsen, hvorfor Fangen er inddømt:
	Svig & Tudmislyrm, Bell. Lov
	§ 231 1 x 2 d 2/3 ws5 apr 1 y 3

Oplysninger om Fangens foregaaende Levnet:

Uægte. Moderen gift år 1886. I vdæselder. Hos Moder, der ps
Fatighjælp til sit 7 Aar, indtil til Konf. paa Børglund Kst.
Rigsvært. Siden dels gaaet delvgeret paa Rolo. Varest sin
i en Tjeneste. Siden November drevom paa Tyggeri g strække
fortsætte Smaatvng g Penge paa forskjelige Steder, derof
Indbm. Vardi 14 Kl28 Øf. Lygglig

Vridsløselille Forbedringshus Stamrulle (Rigsarkivet)

diagnosticere Jens Martinus, men han blev aldrig vurderet med faresignaler som aggressiv, ondskabsfuld, urolig, opgivende og lignende. Det er mere nærliggende, at se hans ligegyldighed som et selvforsvar, hvor han distancerede sig fra virkeligheden omkring sig og undgik problemer. Det er slet ikke utænkeligt, at det er en evne, som han udviklede allerede som barn på fattiggården. Mange af de fanger som blev alvorligt skadede, udviste imidlertid først tegn på det efter mere end et år i isolation. Da Jens Martinus forlod fængslet efter et år, er det måske svært at sige, hvor meget det påvirkede ham. Alt tyder dog på, at han var rimelig robust[8].

Den 27. juni 1889 tidligt om morgenen klokken fem - præcis 1 år efter sin ankomst - forlod Jens Martinus Vridsløselille forbedringshus. Han havde godt nok fået 1½ års afsoning. Det var imidlertid almindeligt at forkorte straffen ved god opførsel, der er dog ikke bevaret noget konkret i hans sag om årsagen. Han fik ved udgangen udleveret sine gamle ejendele og udbetalt sit optjente beløb på 7 kroner og 52 øret[9].

Voldelig forhold

Ude af forbedringshuset og tilbage i det almindelige samfund måtte Jens Martinus - i Vendsyssel kendt som Skjøt-Jens - finde ud af, hvad han nu skulle gøre. Mellem en tredjedel og halvdelen af de løsladte endte med tilbagefald og kom i forbedringshuset igen[1]. Han kendte næppe denne statistik, men han vidste fra egen erfaring, at det var svært at bryde ud af et kriminelt mønster. Han vidste også, at endnu en dom for tyveri givetvis ville blive en meget lang straf. Der er ingen kilder til hans overvejelser, men hans ageren giver et slags svar.

Først og fremmest måtte han bryde med sin fortid. Han valgte derfor ikke tage hjem til Vendsyssel, men i stedet til Himmerland. Det var ikke så langt fra det velkendte, men langt nok til ikke nogen kendte ham. Her kunne han frigøre sig fra den uægte fattiggårdsdreng og tyvagtige Skjøt-Jens. I stedet præsenterede han sig som Jens Martinus fra godt nok fattige - men hårdtarbejdende - kår. Dernæst besluttede han sig til at leve op til det med hårdtarbejdende. Det ville sikre ham arbejde, der igen ville sikre ham husly og penge, der kunne skærme ham fra livet på kanten med alt hvad deraf kom. Den følgende tid viste, at denne måde at gribe situationen an på virkede. Der var sværere at ændre hans temperament, rastløshed og behov for selvhævdelse. Sidstnævnte kan let opfattes som fattiggårdsdrengens higen efter accept. Så længe han arbejdede hårdere og hurtigere end andre, var det ikke noget problem, men når han skulle bevise, at han var stærkere i et slagsmål eller havde behov for i forsamlinger at fremhæve egne evner - ja direkte prale - blev det problematisk. Hertil kom, drengen var blevet mand i et udpræget patriarkalsk samfund, hvor forholdet til det andet køn skulle håndteres.

Ved skiftedag den 1. november 1889 - fire måneder efter løsladelsen - tog han plads som tjenestekarl hos gårdmand Christian Jensen Svensen på Holmgård i den lille landsby Smidie på kanten af Lille Vildmose mellem Kongerslev og Bælum i det østlige Himmeland. Christian Svensen og hans

Holmgård i Smidie 1946 (Sylvest Jensen Luftfoto - Det Kongelige Bibliotek)

kone Magrete - benævnt husbond og madmoder af deres ansatte - boede her med deres seks børn. Madmoder Margrete var gårdmandsdatter fra den lidt større gård Ellern i landsbyen Stae oppe ved Vester Hassing nord for Limfjorden. Hun blev her først gift med en lokal, de overtog hendes fars gård og fik en håndfuld børn - men så døde hendes mand. Hun var imidlertid kun enke kort tid, så blev hun gift med Christian Svensen fra Sønder Tranders uden for Aalborg. De mistede imidlertid kort efter gården i Stae og havde netop i stedet erhvervet gården i Smidie. Udover Jens Martinus var der en tjenestepige Krestine Marie Eriksen. Hun var fem år yngre end ham og kom som han fra Vendsyssel - nærmere bestemt Sulsted nord for Aalborg. Trods landsbyen Smidies lidenhed var der et vist liv, da der lå et teglværk med en del ansatte$_2$.

Det gik egentligt godt for Jens Martinus, men han kunne ikke med tjenestepigen. På et tidspunkt skulle han angiveligt have sagt i byen, at de var kommet i "Kjæresteforhold". Det benægtede han dog senere med bemærkningen: "... de have aldrig kunnet enes siden de den 1. november, ... kom til at tjene sammen for Christian Svendsen, naar undtages i de første dage af tjenesten, da han have noget sjov med hende, men det hørte han snart op med"[3]. Noget tyder imidlertid på forholdet mellem dem var mere kompliceret end dette.

Mandag den 24. marts 1890 gik det helt galt. Gårdmandsparret var ikke hjemme, hvorfor deres børn og tjenestefolk var alene på gården. Dagen efter blev Jens Martinus arresteret af en gendarm Jensen og ført til Hellum-Hindsted herredsret i nabobyen Terndrup til forhør i politiretten. Her blev han sigtet for, at have gjort sig skyldig i "Voldelig Forhold". Nærmere bestemt havde han tilføjet tjenestepigen Kerstine Marie Eriksen "hævelser i Hovedet og andet Spor af voldeligt Forhold". Han benægtede og adspurgt til, hvordan hun havde fået skaderne - "som hun ikke kunne antages at have udvist imod sig selv" - svarer han blot, at det vidste han ikke. Han påstod også, at han ikke tidligere havde været tiltalt eller straffet, men fortalte straks beredvilligt, at han havde gjort militærtjeneste som marinesoldat. Dommeren troede tydeligvis ikke på ham, og han blev "sat under anholdelse Kl. 3 og afført til Arresten".

Tre dage senere blev forhøret genoptaget, og han blev her forholdt distriktslægen fra Aalborg fremlagte lægeerklæring. Til den erklærede han blot, at han "ikke have noget at erindre". Han benægtede stadig at have slået hende og erklærede, at da han forlod sin tjeneste hos Christian Svendsen, fejlede hun ikke noget. Ved endnu et forhør to dage senere erkendte han dog, at han havde slået hende og ikke tvivlede på, at de i lægeerklæringen beskrevne skader var sket derved. Hans forklaring til det var, at hun var "noget heftig" og "vægrede sig ved at efterkomme hans opfordring om at, holde sin mund ligesom hun ogsaa vægrede sig ved at efterkomme hans opfordring om at forlade (folke)stuen". Han måtte tillige erkende sine tidligere straffe, da retten havde modtaget information om dem. Endelig noterede retten, at hans mor var død, han ikke havde noget fast hjem eller tilholdssted, ligesom han heller ikke mere havde nogen tjeneste[4].

Den bedste kilde til det hændte er uden tvivl den ældste af børnene 14-årige Søren Nielsens forklaring i politiretten. For at være så præcis som mulig, er følgende retsskriverens referat: "Sidste Mandag 14 Dage, da (vidnets) Forældre vare i Terndrup spiste (vidnet), hans Faders Karl Jens Martinus Jensen og hans Søskende, med Undtagelse af Søsteren Ane Mette, til Middag i Folkestuen. Henad Slutningen af Maaltidet kom pigen Krestine Marie Eriksen ned i Folkestuen med noget mere mad og sagde til Karlen: "Du har jo alligevel sagt, at Christen og jeg igaar aftes sade ude ved Søen". Hertil svarede Karlen: "Hold kjæft din møjede mær", hvortil Pigen gjensvarede: "Du skal ikke flabe saa stærkt paa mig". Karlen ytrede nu: "Siger du Flab til mig?", hvorefter hun sagde nej mod Tilhørerene, at hun kun havde sagt, at han ikke skulde flabe saa stærkt Paa hende.

Terndrup Ting- og Arresthus 1946 (Sylvest Jensen Luftfoto - Det Kongelige Bibliotek)

Han rejste sig nu, og gik hen til Krestine Marie Eriksen og stødte hende først paa Brystet, hvorefter han greb hende i Haaret og tvang hendes ved at rykke i dette mod overkroppen ned mod Gulvet, saaledes at hendes hoved omtrent rørte ved Gulvet. Efter at have sluppet hendes Haar rejste hun sig og og han puffede hende derpaa hen i et Hjørne af Stuen, hvor han satte sit ene knæ mod hende og slog hende med sine knyttede Næver i Hovedet, idet han ytrede, at hun var den første Pige, han havde slaaet paa, men at han nok skulde give hende saaledes, at hun kunde huske det. Medens han slog paa Pigen slog han ogsaa fejl og Hænderne mod Væggen saaledes, at han - hvad bagefter viste sig fik en Hudafskrabning paa begge Hænder. Til slutning gav han Pigen et Slag i Næse og mund saaledes, at hun kom til at bløde, og da (vidnet) kort efter kom ud i Køkkenet laa hun paa Gulvet der og blødte stærkt af Næse og mund. Senere kom karlen ind i Køkkenet og sagde til Pigen, at det var rigtig nok, at han havde sagt det i Smidie, men at hun ikke behøvede at rende ham i Næsen med det".

Drengen forklarede videre om karlen og pigens tidligere ageren: "(Vidnet) har flere gange seet, at Karlen ude i Stalden har grebet fat paa Pigen og med magt kysset hende, dog tror han ikke, at hun har gjort al den Modstand hun kunde, om (vidnet) nu fik det Indtryk, at hun helst var fri for Karlen. Karlen har ved saadanne Lejligheder sagt, at han vilde ønske, at han kunde blive Kjæreste med hende. Hun har, naar karlen har kysset hende ikke skreget eller raabt om Hjælp og heller ikke paavirkt (vidnet) ved, beklage sig til hans Forældre derover"[5].

Jens Martinus erkendte, at drengen Søren Nielsens forklaring var rigtig, dog med undtagelse af han ikke havde "forlangt at være kjæreste med Pigen". Han erkende sig derfor også skyldig i voldeligt forhold. Den 19. april 1890 blev han idømt fængsel på vand og brød i otte dage[6].

Den knuste flaske

Da Jens Martinus havde udstået sin straf, fik han arbejde godt en snes ki-
lometer vest på som tjenestekarl på Støvring Mosegård - lokalt blot kaldet
Mosegården - hos gårdmand Lars Peter Kristensen - lokalt kaldet Pors-
borgmanden - og hans kone Otine. Det var en mindre gård et par kilome-
ter nordvest for Støvring og øst for Juelstrup sø i kanten af et enormt
moseområde, deraf dens navn. Husbonds tilnavn Porsborgmanden kom
af, at hans svigerfar Anders Jensen kom fra en gård med navnet Porsborg
umiddelbart syd for Lynderup i Giver sogn. Familien der brugte navnet
som tilnavn. Svigerfarens datter - den nuværende madmoder - fik dog of-
ficielt navnet i dåben. Senere fik hendes mand, børn - og med tiden også
gården navnet. I dag kendes gården som Porsborggård.

Støvring mosegård 1910

Hvorvidt Jens Martinus nye husbond kendte til hans dom for voldelig forhold ved vi ikke, men da han var en god og effektiv arbejdskraft, var han nok velvillig indstillet over for at give karlen en chance. På gården var udover husbond og madmoder, to børn og en ung tjenestepige. Sidstnævnte den 16-årige Ane Katrine Petersen - af alle blot kaldt Trine - var begyndt i sin plads omtrent samtidig med Jens Martinus. Med hans problemer med tjenestepigen i sin forrige plads, kan nogen måske spekulere på, hvordan det skulle gå. Trine var dog en humørfyldt, livlig og fornuftig pige, som alle syntes om - og han kom udmærket ud af det med hende[1].

Jens Martinus oplevede således øjensynlig en rolig og stabil tid som værdsat arbejdskraft. Der var dog også tid til adspredelse og morskab. På sin fridag søndag den 12. juli 1891 tog han således om eftermiddagen med firtoget fra Støvring station til Mosskov trinbræt tæt ved Store Økssø midt i Rold skov. Her var der om aftenen musik med dans og beværtning. Den seneste lille halve snes år havde der her været et etablissement kaldet Jysk Tivoli, som formodentlig kun bestod af nogle tilfældige træskure og telte. Her holdtes om sommeren velbesøgte arrangementer med musik, dans og beværtning[2].

Jens Martinus blev i løbet af aftenen ifølge eget udsagn noget beruset. Han mente dog ikke det var mere end, at han godt kunne klare sig selv. Hvad der herefter præcis skete, er ikke helt klart. Han fortalte efterfølgende, at han kom i slagsmål med flere andre karle, der alle holdt sammen imod ham. Han kunne ikke huske anledningen til striden. Han erindrede heller ikke, hvorvidt han begyndte slagsmålet. Efterfølgende blev ikke afhørt uvildige vidner, og de involverede andre karle havde ingen anden interesse end at erklære, at det var Jens Martinus der indledte slagsmålet. Sandheden ligger nok et sted mellem, at han var provokerende og den udbredte praksis på den tid, at en gruppe karle ville give en lærestreg til en, der førte sig frem. Det resulterede normalt kun i blå mærker og i værste tilfælde en brækket næse. Myndighederne skilte normalt blot parterne med mindre nogen indgav en anmeldelse - hvilket uhyre sjældent skete. Problemet i dette tilfælde var dog, at Jens Martinus fra

120

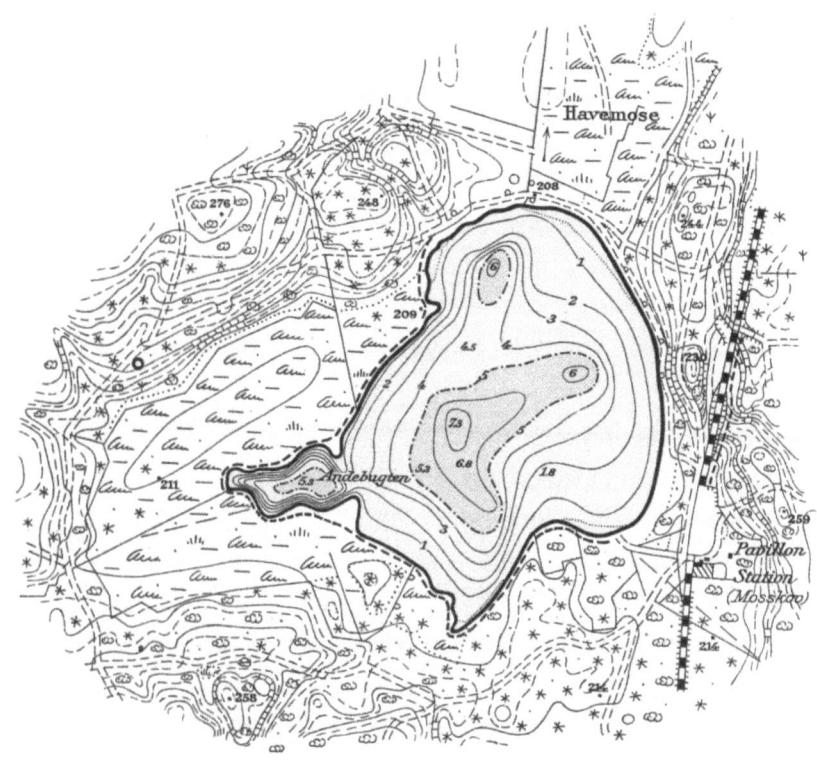

Store Økssø 1932 (Geodætisk Institut)

barnsben var vant til at slås, havde et voldsomt temperament og sand-
synligvis grundet fuldskab en svækket dømmekraft.

Jens Martinus greb en halvanden punds flaske (hvilket svarer til en
tung vinflaske), som han tog om halsen på og slog om sig med. Selv erin-
drede han godt, at han under slagsmålet benyttede en flaske og med den
slog en af sine modstandere i gulvet. Om flasken var ituslået, erindrede
han i første omgang ikke, men han mente, at det nok var muligt. Han lag-
de dog godt mærke til, at den han havde slået, var blodig i ansigtet - men
ikke hvor blodet kom fra. Foreholdt, at han tillige skulle have givet en an-
den karl en rift på en kind, erklærede han, at det vidste han intet om,
men at "det godt kan ske", at det var rigtigt. Myndighederne formodede,

121

at hans modstandere kun slog med de bare næver, da de ikke mente Jens Martinus havde nogen men eller udvortes spor fra skarpe genstande - bortset fra nogle ubetydelige rifter i ansigtet. Selv mente han, at hans venstre hånds ringfinger var halvt overskåret - som han udtrykte det - ved, at mens han slog med flasken med den højre hånd, havde han parreret angrebene mod ham med den venstre hånd, og dermed fået fingeren beskadiget af en skarp genstand - vist nok en kniv eller et flaskeskår. Hvem der havde ført den pågældende genstand, vidste han dog ikke. Lige så lidt som han vidste, hvem der havde tilføjet ham hans skrammer ansigtet.

Myndighederne antog imidlertid, at han var blevet blodig på sin venstre hånd ved, at han havde skåret sig selv med flasken på en eller anden måde. De tilstedeværende fortalte, at Jens Martinus, forinden han gjorde brug af flasken, havde slået bunden ud af den med sin ene støvlehæl. De fortalte videre, at ingen af dem havde set nogen af de øvrige have flaske eller kniv eller andet skarpt våben i hænderne. Til det erklærede Jens Martinus, at han ikke havde andet at indvende, end han ikke troede, han havde flasken i venstre hånd, da han aldrig plejede at slå med denne hånd. Han kunne dog umiddelbart ikke huske alle enkeltheder af det passerede. Han huskede derimod foreholdt ovenstående forklaring, at inden han brugte flasken som våben, slog han bunden af den på den forklarede måde. Han gjorde det, så flasken derved skulle kunne skære og benyttelsen af den blive mere virksom. På spørgsmålet om, han da vel indså, at han derved udsatte sig for at komme til at beskadige andre, svarede han, at det var han nødt til, da der var så mange om ham.

På spørgsmålet om hvorfor Jens Martinus ikke henvendte sig til den udstationerede gendarm eller sognefoged og søgte beskyttelse hos en af dem, svarede han, at dem havde han ikke set og i øvrigt godt kunne klare sig selv. Sognefoged for Skørping sogn boelsmand på Skørping mark Niels Mikkelsen - kaldet Basken - fik ham efter tumulten fjernet fra festpladsen og ført hen til jernbanevogterhuset. Inden Jens Martinus lod sig fjerne, ville han dog se sognefogedens politiskilt, hvilket han blev forevist. Flasken kastede han på vej væk fra festpladsen ud mellem nogle grantræer. Ved jernbanevogterhuset lå vægterhuset, hvor iført uniform ubereden gendarm nummer 161 Knud Vestbjerg Møller Pedersen denne aften var udstationeret som politifunktionær for at bistå til ordens overholdelse. De to myndighedspersoner konstaterede, at Jens Martinus var noget beruset, men vurderede ikke i en sådan grad, at han var utilregnelig. Han blev derfor ikke anholdt, men gendarmen opfordrede ham til at gå sin vej og fulgte ham et stykke langs banen nord på.

Mod al sund fornuft vendte Jens Martinus pludselig om og begav sig tilbage mod festpladsen fulgt af gendarmen og sognefogeden. Her samlede en del personer sig i halvkreds om ham. Sognefogeden mente, det nok kunne se ud til, at enkelte af de tilstedeværende kunne have lyst til at angribe, men ingen af dem stod ham nærmere end to alen (godt en meter), og der var ikke tale om, at nogen af dem denne gang slog ham. Jens Martinus påstod derimod, at sognefogeden ikke beskyttede ham imod, at hans modstandere bagfra slog ham. Han forsvarede sig med dette, som årsag til han havde kaldt sognefogeden "en dårlig sognefoged". Beskyldning fra en tilstedeværende vognmand Christoffersen fra Skørping, at Jens Martinus skulle have beskyldt gendarmen for at lade sig bestikke, erindrede han derimod intet om. Han erklærede derimod, at han ikke havde nogen grund til at antage, at dette skulle være tilfældet. Retten noterede i øvrigt i den forbindelse, at vognmanden var tidligere straffet. Generelt huskede Jens Martinus ikke, at han havde været uhøflig mod hverken gendarmen eller sognefogeden. Hvorom alting er, han blev anholdt og ført væk. Efterfølgende stimlede folk sammen ved vægterhuset og fortalte, at den anholdte havde slået en med en knust flaske₃.

Jens Martinus blev herefter ført til og indsat i arresten i Terndrup. Den følgende eftermiddag klokken fire blev der holdt politiforhør, hvor han blev sigtet for voldelig forhold og fornærmelig adfærd imod politi, som var tilstede i funktion. Af hensyn til den yderligere undersøgelse blev han indtil videre "at skulde (være) tilstede og afsondret fra andre og bliver han derfor at anlægge med varetægtsarrest". På Mosegården erfarede husbond samme

Støvring Mosegaard den 15/7 21

Hr Herredsfoged Faurholdt Terndrup

Da jeg har hørt at min Karl
Jens Martinus Jensen er bleven
anholdt Søndag Aften saa
tillader jeg mig herved at spørge
den højere Øvrighed om hvor
lang Tid der vil hengaa inden
han kan komme ud igen
thi det er jo paa en travlt Tid,
saa vil jeg bede om de vilde
lade mig vide Besked snarest
mulig.

Ærbødigst

Lars P. Kristensen

Lars Peter Kristensens brev til herredsfogeden i Terndrup (Rigsarkivet) dag, at hans karl var blevet arresteret på grund af slagsmål. Han havde stadig tillid til ham, så han besluttede efter et par dage at sende en forespørgsel til herredsfoged Faurholdt i Terndrup om, hvornår hans karl kunne komme igen, da det var en travl tid på gården. Det varede dog en rum tid, for efter godt tre ugers varetægtsfængsling kun afbrudt af et par politiforhør, blev Jens Martinus idømt fængsel på vand og brød tre gange fem dage samt erstatning til skadelidte - en Peder Chr. Andersen[4].

Martine og Anna

Til trods for Jens Martinus voldsdom lod hans husbond Lars Peter Kristensen på Mosegården ham blive som tjenestekarl på gården. Med tjenestepigen Trines ord, var det en formildende omstændighed, at så mange angreb ham på en gang - og så var han selvfølgelig stadig en effektiv og god arbejdskraft.

Noget helt andet var med Trines ord, at Jens Martinus lokalt var kendt for at kunne charmere og komme i lag med de lokale piger. I forbindelse med høsten kunne Jens Martinus ikke dy sig for at prale med sine damebekendtskaber. Hans husbond blev irriteret på ham. Han var sikker på, at den selvsikre karl ikke havde en chance med den fornuftige Trine og sagde derfor: "... men Trine - hende kan du i hvert tilfælde ikke få". Han var så sikker på sin tjenestepige, at de væddede et halvt pund chokolade om det. Problemet for husbond, tjenestepigen og Jens Martinus var imidlertid, at Trine så mere i Jens Martinus end blot den pralende karl, og hun blev med barn[1].

Trine var uægte barn, forstået som hendes far nægtede at gifte sig med hendes mor, da denne fik Trine. Først senere blev han tvunget af sin egen mor til at stå ved sine ugerninger og gifte sig med moren. Bitterheden over at have mistet sin frihed lod han gå ud over Trine. Da farmoren opdagede det, tog hun barnet til sig, hvorfor Trine voksede op hos hende og en gemytlig stedplejefar i Sørup. Det var et fattigt barndomshjem. Selvom Trine havde boglige evner, var der ikke råd til, hun kunne læse ud over den tvungne skolegang. Hun kom ud at tjene som 13-årig og var efter nogle år nu kommet til Mosegården. Hendes far og mor boede tæt ved på et lille fattigt husmandssted på Støvring hede, mens farmoren og stedplejefaren stadig boede i Sørup - også tæt ved[2]. Som sin mor oplevede Trine dog, at barnets far svigtede. Husbond bortviste straks Jens Martinus, som forlod gården med sin chokolade. Til gengæld havde husbond dårlig samvittighed over sit dumme væddemål, så Trine fik lov at blive.

Madmoder Otine Porsborg og den unge tjenestepige Ane Catrine (Trine) Pedersen

I en alder af blot nitten år fødte Trine den 21. juni 1892 en pige. Ved dåben om efteråret var Trine stadig fascineret af Jens Martinus og kaldte derfor barnet Jensine Martine - dog aldrig kaldt andet end Martine. Det hører med til historien, at Martine var et almindeligt pigenavn lokalt på den tid. Trines unge alder og position taget i betragtning, havde hun ikke mulighed for at forsørge og passe et barn. Ligesom hun var vokset op hos sine bedsteforældre, voksede barnet Martine op hos Trines mor og far på Støvring hede$_3$. Der blev ikke anlagt nogen faderskabssag mod Jens Martinus. På den tid skulle en sådan sag - kaldet en alimentationssag, paternitetssag eller bidragssag - anlægges som en privat sag ved en domstol$_4$.

Stryge-Trine 1913

Jensine Martine Pedersen

Trine blev ikke blot på Mosegården, hun blev de næste mange år og opbyggede et livslangt varmt venskab med familien - ja blev vel egentlig en del af familien. Hun blev tæt veninde med fruen på gården Ottine, som kun var fem år ældre. Børnene elskede Trine og så hende vel nærmest som en moster. Hun blev aldig gift, men enærede sig senere som vaske-kone med speciale i fransk vask og strygning i Jernbanegade inde i Støvring. Hun blev her en kendt og respekteret skikkelse i byen. Efter 39 år som vaskekone måtte hun stoppe grundet gigt forårsaget af det hårde og ofte kolde arbejde. Hun levede herefter af aldersrente (forløberen for folkepension), flyttede på De gamles hjem i byen og døde her i 1953 i en alder af 80 år$_5$.

Selvom datteren Martine ikke voksede hos sin mor Trine, havde hun gennem hele sin opvækst og liv et tæt kontakt og forhold til moren. Efter barndommen på Støvring hede kom Martine ligesom sin mor tidligt ud at

Martine, Ejner, Trine og børnene Daniel og Ruth

tjene. Efter nogle pladser lokalt som tjenestepige forlod hun hjemegnen og tog arbejde på det nyoprettede Sindssygehospital i Middelfart. Dette - og da hun efterfølgende kom i en metodistkirke i Horsens - vaktes hendes interesse for arbejde med socialt udsatte. Det blev siden til pladser på hjem og anstalt i København. På børnehjemmet Godthåb på Frederiksberg mødte hun det tidligere børnehjemsbarn Ejner Pedersen, som da var typograflærling. Han var ligesom hende søn af en enlig mor, hvor faren havde svigtet og af sin familie sendt til Amerika. Martine og Ejner blev gift og efter nogle år med trange kår i Nordrefrihavnsgade på Østerbro flyttede de til Hvidovre tæt på Gammel Køgevej. Her byggede de mellem andre fra byen udflyttede nybyggere i begyndelsen vel nærmest et træskur, men der var frisk luft og køkkenhave. Med tiden blev det til et rigtigt hus. Undervejs fik de fem børn Ruth, Daniel, Lea, David og Debora som alle førte slægten videre, så det blev en ret omfangsrig efterslægt. Martine døde tidligt af brystkræft i en alder af blot 54 år i 1947[6].

Efter Jens Martinus blev bortvist fra Mosegården i Støvring fik han hurtigt ny tjeneste ikke langt væk på Sigagergård på Volsted mark. Det første han gjorde her var - sandsynligvis ved en lokal legestue (altså musik og dans) - at møde og være sammen med den jævnaldrende tjenestepige Kirstine Pedersen fra Råkildegård i Annerup nord fra Støvring. Tjenestepigen Kirstine var husmandsdatter fra Gerding huse, hvor hun var vokset op med sin far og fire ældre søskende - samt hendes farfar og farmor, som havde været aftægtspar i barndomshjemmet. Hendes mor var død, da hun var blot to år gammel. Hendes far var stadig enkemand og arbejdede som arbejdsmand, men boede nu hos en datter og svigersøn - stadig i Gerding huse. Hun var selv netop kommet fra en plads som tjenestepige på herregården Refnæs ved Komdrup tæt ved Kongerslev.

Resultatet af mødet med Jens Martinus blev at Kirstine blev med barn, flyttede hjem til Gerding og i sommeren året efter den 28. juli 1892 fødte en datter - kun en måned efter Trine fødte Martine. På trods af der

Råkildegård 1931 (Lokalhistorisk Arkiv for den tidl. Støvring Kommune)

blot godt var godt tre kilometer mellem Kirstines og Trines tjenestesteder - og alle i lokalsamfundet normalt vidste alt om alle - er der intet der tyder på, at de kendte til hinandens forbindelse til Jens Martinus. Kirstines datter fik navnet Anna Johanne. Sidste del af navnet var efter både hendes mormor og morfars mor. Det kunne selvfølgelig også være efter Jens Martinus mor, men det er ikke særligt sandsynligt - hans liv gav ikke plads til at binde sig. På den anden side fik hun i modsætning til Trines barn Jens Martinus efternavn Jensen, hvilket han gav sin tilladelse til[7]. Som i Trines tilfælde blev der heller ikke indgivet nogen anmeldelse om faderskabssag denne gang[8].

Kirstine flyttede kort tid efter øst på til Skibsted mellem Kongerslev og Bælum med sin datter og lejede sig ind. Her mødte hun den fire år yngre indsidder i byen Jens Laurs Laursen - kaldet Laurs, der netop var blevet enkemand. Det resulterede i, at hun endnu engang blev med barn. Hendes sårbare situation med allerede et barn taget i betragtning, valgte hun denne gang dog at bortadoptere. Ikke desto mindre blev hun gift med barnefaren et års tid senere og sammen med ham og hendes første

133

Kistine Pedersen gift Laursen (privatfoto Jenny Dahl)

datter Anna flyttede de ned til Bælum Skovhuse. Snart efter flyttede de imidlertid videre til den lille landsby Svanfolk uden for Skibsted, for nogle år senere igen atter flytte tilbage til Bælum Skovhuse. Der gik dog ikke lang tid, så flyttede de til Nørre Kongerslev. Heller ikke her blev de længe, inden de i 1910 flyttede en sidste gang tilbage til Bælum Skovhuse. Undervejs fik de fire halvsøskende til Anna. Ægtemanden Laurs arbejde de skiftende steder som jordbruger og daglejer. Det virker rastløst, eller måske havde de bare svære sociale kår. Noget fungerede dog ikke, for kort efter sidste flytning forsvandt ægtemanden. Kirstine var nu ladt alene med fem børn. Da en lokal optæller gik rundt og samlede oplysninger til folke-

Kistine midt for med sine fem børn
- det er Anna Johanne med perlekæde til venstre for hende (privatfoto Jenny Dahl)

Niels Christian Johnsen og Anna Johanne Jensen (privatfoto Hans Jørn Johnsen)

... og deres børn Elisabeth og Edwin Johnsen (privatfoto Hans Jørn Johnsen)

tælling, var situationen om hendes mands fravær så penibel, at hun udgav sig for enke. Situationen var imidlertid ikke holdbar, da hun som gift kvinde ikke kunne få hjælp. I 1912 meldte hun derfor, at hendes mand havde forladt hende og søgte skilsmisse. Den fik hun efter en tid bevilliget og blev ikke gift igen. Hun måtte de første år forsørge sig og børnene med fattighjælp, men begyndte så som vaskekone, hvilket hun var, til hun som 70-årig trak sig tilbage og levede af aldersrente. Således blev både hun og Trine vaskekoner - en beskæftigelse der ikke var ualmindelig for ubemidlede enlige kvinder, der ville være uafhængige ved selv at kunne forsørge sig. I alle årene blev Kirstine boende i Bælum Skovhuse, som med tiden blev den sydlige del af Bælum by ikke lang fra togstationen på den nu nedlagte Hadsundbane. Hun fik mere end ti år som aldersrentenyder her, inden hun i 1951 døde som 87 årig[9].

Datteren Anna voksende således op med stedfar, en voksende flok mindre søskende og at flytte en masse rundt. Hun boede hjemme, til hun som 20 årig i 1913 blev gift med Niels Christian Johnsen oppe fra Gudum lidt øst for Aalborg, hvor hans forældre havde et statshusmandsbrug og faren arbejdede som landarbejder. De nygifte slog sig til at begynde med ned i på herregården Vorgårds jord i nærheden af Annas hjem i Bælum. Snart efter tog de dog op for at prøve lykken på et husmandsbrug i Sejlflod ved Limfjorden. Forholdene var her øjensynligt for svære, eller måske trak hendes hjemegn - efter en tid var de tilbage denne gang i Tvorup i Lyngby sogn tæt ved Bælum. Her slog de rod og ernærede sig som jordbruger på et husmandssted. Undervejs fik de børnene Edwin og Elisabeth, der begge førte slægten videre. Ægtemanden døde i 1954 på husmandsstedet. De sidste år boede Anna på hvilehjemmet - altså alderdomshjemmet - Karmel midt i Hobro, hvor hun i 1961 døde 69 år gammel[10].

Jens Martinus ville ikke binde sig, men fik således alligevel ikke bare en - men to af hinanden uafhængige efterslægter. Hverken Martine eller Anna vidste dog, at de havde en halvsøster. De mødtes derfor aldrig. De havde begge en mørk lød i huden. Anna blev direkte kaldte "Sute" (sorte) hjemme i Bælum, mens Martine forbandt det med den hende fortalte hi

Hvilehjemmet Karmel i Hobro

storie, at Jens Martinus skulle have en spansk sømand som far. Den spanske nedstamning var som sagt en historie Jens Martinus opdigtede, og hans nærmeste aner giver ikke svaret på, hvor den mørke lød kom fra[11].

I høj grad beruset

Jens Martinus havde undgået at være hjemløs og arbejdsløs efter han kom til Himmerland. Han havde dermed undgået at fryse og sulte og være fristet til at stjæle og derfor undgået at ende tilbage i forbedringshuset. Han var ligeledes sluppet fri af forhåndsindstillingen om ham, som den uægte fattiggårdsdreng Skjøt-Jens. Han var derimod blevet kendt for at kunne arbejde effektivt. Han blev dog med tiden også kendt for sit temperament, rastløshed og deraf følgende manglende stabilitet. Han bevægede sig derfor fra tjenestekarl i faste pladser til løs daglejer, som tog korte uforpligtende job. Det kan virke som, at han trods de positive ting kæmpede med selvværd, anerkendelse og vrede. Som fattig karl var han ikke ene om de følelser, og noget tyder på, han som mange på den tid søgte dulme dem med alkohol. Efter endt soldatertid var han efter en øjensynlig lang svirretur endt i detentionen i Hjørring stærkt beruset. Siden kom han i slagsmål med en knust flaske - igen stærkt bruset - og endte i fængsel.

Den 4. maj 1892 var den gal igen. Jens Martinus var om aftenen på Støvring kro, som var en gammel kongelig privilegeret landevejskro på vejen mellem Aalborg og Hobro. Det var ikke kun de rejsende der kom på den, den var også lokalområdets faste udskænkningssted, der tiltrak lokale svirebrødre. Alternativt skulle de tage til Aalborg for at komme på druk. Det var endnu den gamle krogård med avlsbygninger og gæstestald, der lå på den anden side af landevejen i forhold til den i 1904 senere opførte kro i Jernbanegade. Her havde tjenestepigen Trine i øvrigt været i tjeneste umiddelbart før hun kom til Mosegården. Hendes far Niels Peter Pedersen - kalder Bertels-Peter - var på sin side en af de faste svirebrødre på kroen og særdeles godt kendt af politiet for beruselse og problematisk selskab. Den eneste grund til han ikke var gået helt i hundene, var Trines mor holdt sammen på hjemmet og smed manden i seng, når han kom fuld hjem[1]. Der var dog ingen tegn på, at Jens Martinus og Bertels-Peter havde noget udestående, selvom Jens Martinus barn Martine var plejebarn hjemme hos Bertels-Peter.

I løbet af eftermiddagen og først på aftenen blev Jens Martinus med den lokale gendarms ord: "i høj grad beruset og derfor meget ustyrlig og voldsom, hvorfor han maatte anses farlig for den offentlige sikkerhed". Da der ikke var nogen detention i Støvring, blev han transporteret til arresten på torvet i Nibe, hvotil han ankom om aftenen omkring klokken 8 og blev indsat. Den følgende formiddag klokken 11 blev han fremstillet i politiretten. Da herredsfogeden var fraværende blev retten ledet af fuldmægtig Buus. Oplæst og foreholdt rapporten om aftenens forløb erkendte Jens Martinus straks dens rigtighed i et og alt. Han accepterede ligeledes straks tilbudet om senest inden den 1. maj at betale en bøde på 20 kroner til Hornum herreds politikasse for den begåede forseelse. Hans villighed er ikke så underlig, for i modsat fald eller gentagelsestilfælde ville forseelsen blive sendt til dom - med andre ord kunne han risikere fængsel. Da han ikke havde tjenesteplads, forsikrede han retten, at han havde løfte om arbejde paa Tustrup herregård nede på den anden side af Randers. Han blev derfor løsladt mod, han "uopholdelig" begav sig mod Tustrup og tog arbejde der. Han skulle yderligere "holde sognefogeden i Støvring i kundskab om hans fremtidige opholdssted indtil bøden er betalt"[2].

Støvring gamle gårdkro omk. 1900 (Lokalhistorisk Arkiv for den tidl. Støvring Kommune)

Retssalen hvor poliretten afholdtes på førstesalen i Nibe gamle råd- og tinghus (Nibe Avis)

Det lykkedes således Jens Martinus at afslutte sagen nådigt for ham, men han havde åbenlyst et problem med alkohold. Hans videre færd viser, at når han drak, så drak han igennem - og det i betydelige mængder. Den konkrete sag blev ikke yderligere fulgt op, så vi må gå ud fra, han fik arbejde på herregården og betalte bøden til tiden. Efterfølgende vendte han tilbage til området. Han havde næppe fast bopæl, men var der, hvor han aktuelt kunne få arbejde som daglejer. En anden forudsætning for bøden frem for dom var, at der ikke måtte være gentagelsestilfælde af beruselse, hvor han blev ustyrlig og voldsom. Et forhold der kan være svært at styre, hvis man først er blevet beruset. Den følgende tid lykkedes det ham imidlertid at holde sig ude af myndighedernes lys. Intet tyder på han stoppede med at drikke, men et kvalificeret bud kan være, at han holdt sig væk fra offentlige steder og i stedet drak i private sammenhæng.

Den endelige kant

I efteråret 1893 var Jens Martinus i Gerding, hvor han tjente til dagen og vejen som daglejer ved at gå på skovarbejde. Ved aftenstid tirsdag den 24. oktober mødte han to af byens tjenestekarle Johan Hugo Andersen og Søren Nielsen. De tre blev enige om, at de ville have noget af drikke. De anskaffede sig to potter (altså knap to liter) brændevin og to flasker sød rom. Det var efterår med frisk vind fra nordvest, gråvejr, køligt og ustadigt, og om aftenen kunne temperaturen falde mod frysepunktet. Det var ikke vejr at sidde ude og drikke, og de færrestes husbond ville tillade, at de drak i folkestuerne eller på karlekamrene. De besluttede derfor at gå hen til det gamle fattiglem Ole Nielsen i fattighuset. Fattighuset er for længst revet ned, men det lå midt i landsbyen i det, som senere blev gården Kjærsmindes have. Omkring klokken 10 ankom de til huset og spurgte Ole Nielsen, om de "maatte faa lov til at drikke nogle snapse i hans stue". Det gav han dem tilladelse til, og de satte sig med ham og drak af de medbragte drikkevarer. De drak den stærke spiritus af drikkekander - eller ølkrus om man vil. Efter omtrent en times tid kom endnu en tjenestekarl fra byen Niels Svendsen Nielsen til. Han sluttede sig til selskabet og fik noget at drikke med de øvrige. På et tidspunt gik det gamle fattiglem Ole Nielsen til sengs.

De forsamlede sad og drak til omkring klokken 1, hvor de tre lokale tjenestekarle rejste sig og forlod Ole Nielsens Stue. På det tidspunkt havde de drukket den ene pot brændevin og ene flaske samt en del af den anden flaske rom. Jens Martinus havde drukket den største del af det og var med de andres ord "en del beruset". Tjenestekarlene forklarede efterfølgende, at de ikke spurgte Jens Martinus, om han ville med, ligesom han heller ikke selv sagde noget derom. Kort før de forlod Stuen, havde han imidlertdi været ude - givtvis for at tisse. Tjenestekarlen Johan Hugo Andersen fortalte yderligere, at et par minutter før han gik, havde Jens Martinus sagt noget, men hvad kunne han ikke huske. Da tjenestekarlene gik,

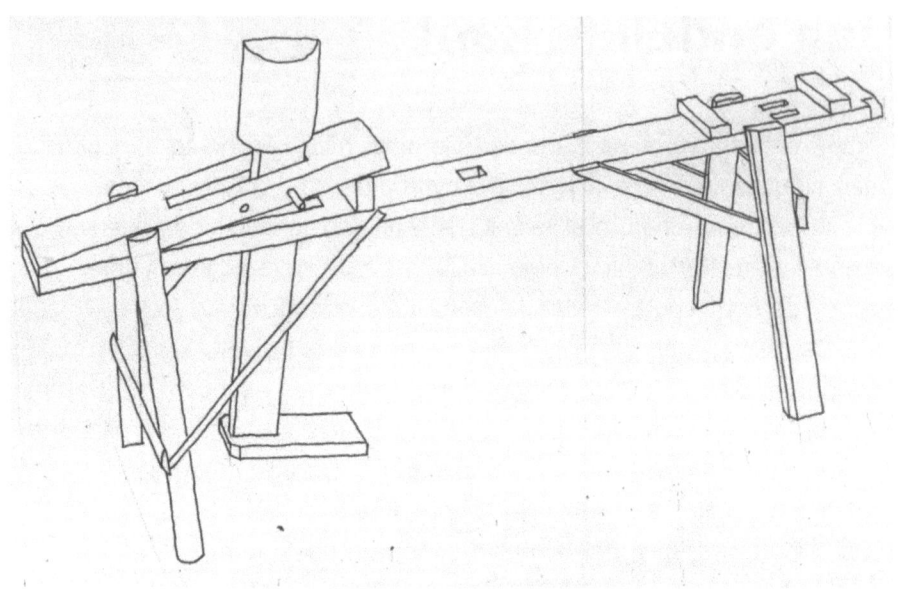

Snittebæk (Nationalmuseets billedsamling)

sad Jens Martinus på en snittebænk med hovedet lænet over mod bordet, og de antog, at han sov. Også Ole Nielsen bemærkede fra sin seng, at Jens Martinus sad og sov ind over bordet. Den gamle tænkte dog, at det kunne han ikke tage nogen skade af. Han var jo en "del beruset af de nydte drikkevarer (og) vilde gaa sin Vej, naar han havde faaet Rusen udsovet". Om natten hørte nogle i fattighuset boende kvinder Jens Martinus klage sig, og Ole Nielsen råbte fra sin seng, at han skulde "holde kæft" ellers blev han vist ud.

Da Ole Nielsen stod op om morgenen klokken halv 7, sov Jens Martinus stadig på samme sted og i samme stilling som om aftenen. Den gamle forsøgte at tiltale ham, men da han ikke fik noget svar, gik han hen til ham og følte på hans kind, som var kold. Da den gamle hertil opdagede, at hans gæst ene arm var stiv, blev han klar over, at Jens Martinus var død. Ole Nilsen fik alarmeret beboerne i fattighuset, og der blev straks sendt bud efter sognefogden. Da denne blev klar over sagens alvor, begav han sig til herredskontoret i Terndrup, hvor han ankom i løbet af formiddagen. Her anmeldte han, at "daglejer Jens Martinus Jensen dags Morgen var bleven funden siddende død i Ole Nielsens Stue i Fattighuset i Gjerding By". Da herredsfogden ikke var til stede, tog i hans sted så hurtigt som muligt fuldmægtig juristen Prejs sammen med distriktslæge Poulsen og sognefogeden afsted til fattighuset i Gerding for at undersøge sagen.

Distriktslæge Poulsen indledte med at konstatere, at Jens Martinus var død. Han var kold, og der var stæk udtalt døsstivhed. Der blev derfor ikke foretaget oplivningsforsøg. Lægen beskrev herefter - som det udtryktes - ligets leje og omgivelser: "Liget sidder endnu paa en snittebænk foroverbøjet med forreste højre side af halsen hvilende mod kanten af et en alen (omkring halv meter) fra snittebænken staaende bord. Højre side af hovedet hvilede paa bordpladen; højre arm hang ned". Han sad endnu fuldt påklædt i den stilling, som han var blevet fundet om morgene - dog var sat en blok under hans højre albue! Blokken var sandsynligvis sat for at afhjælpe presset på halsen - selvom han var død. Under ledelse af lægen fik de Jens Martinus lagt på en høvlbænk og fjernet hans klæder. Undersøgelse af ham viste: "Paa højre forreste side af halsen i højde med cartilago thyreoidea (skjoldbrusken som hos en mand kaldes adamsæblet) fremspringende vinkel findes en dyb Transversel (bruges om tilstand hvor forbindelsen mellem overkroppen og underkroppen afbrydes eller reduceres) fure som en hængningsfure, hvor halsen har hvilet mod bordkanten. Ellers intet tegn paa vold". Lægen konkluderede herudfra dødsårsagen som: "Kvælning ved tryk af bordkanten mod hans hals idet overkroppens vægt tildels har hvilet paa halsen. Ulykkestilfælde fremkaldt ved beruselse". Lægen anså således sagen klar, hvorfor en "mediolegal" undersøgelse eller "retslig obduktion" ikke måtte anses nødvendig.

Efter have forsøgt at danne sig et overblik over aftenens forløb, afholdtes om eftermiddagen klokken 4 retsmøde i Ole Nielsens stue under ledelse af fuldmægtig Prejs. Ud over ham var Gerdings sognefoged, distriktslægen og en række vidner til stede. De begyndte med afhøring af det gamle fattiglem Ole Nielsen. På spørgsmålet om dødsårsag og skyld svarede den gamle, at han "ingen Mening (havde) om Dødsaarsagen" og han ikke havde "nogen Skyld i Døden". Derefter blev den lokale tjenestekarl Johan Hugo Andersen afhørt. På samme skørgmål svarede han, at da han gik, antog han, at Jens Martinus sov, og han "kan ikke tænke sig, hvoraf Afdøde var død". Til sidst blev lokal tjenestekarl Niels Svendsen Nielsen ahørt, som ligeledes svarede, at han "kan ikke tænke sig, hvoraf Afdøde er død". Han tilføjede, at han "kun fik lidt at drikke, var ikke beruset, og de 2 andre Tjenestekarle var heller ikke i nogen synderlig Grad berusedse". Vurderingen af beruselse var selvfølgelig subjektiv, men i datidens samfund - inklusiv hos myndighederne - var der en hel anden opfattelse end i dag af grænsen for, hvornår man var beruset. Sagt på en anden måde, der skulle en udtalt beruselse til, før det blev opfattet problematisk. Når det er sagt, var der næppe nogen tvivl om, Jens Martinus havde drukket en del mere end de andre og var meget mere beruset[1].

Tjenestepigen Trine udtrykte siden tvivl om, hvorvidt det var et ulykkestilfælde. Hun mente, at det var sandsynligt Jens Martinus var blevet ombragt af misundelige tjenestekarle[2]. Til ovennævnte politimæssige undersøgelse kan også indvendes, at der ikke var fuld overensstemmelse i afhøringerne af, hvem der præcis kom og gik hvornår. Ligesom den tredje af de lokale tjenestekarle Søren Nielsen og beboerne i fattighuset ikke blev afhørt. Dette er dog blot efterforskningsmæssige tekniske mangler. I materialet er der intet der peger på en forbrydelse. Der er derfor heller ikke nogen grund til at betvivle distriktslægens konklusion: "Ulykkestilfælde fremkaldt ved beruselse". Ligesom vurderingen, at en obducion ikke ville bibringe yderligere, virker rimelig.

To dage senere sendte Hellum-Hindsteds herredsfoged dødsattest og forhørsudskrift til Aalborg stiftsamt til afgørelse af det videre forløb. Stiftsamtsmanden svarede den 31. oktober herredsfogeden, at der på baggrund af det tilsendte "om Daglejer af Gjerding Jens Martinus Jensens Dødsmaade skal jeg til behagelig Efterretning tjenestelig melde, at der ikke findes Grund til at foretage videre fra det offentliges Side i den anledning". Sagen blev herefter henlagt[3].

Dødsattest ved Selvmord og anden ved ulykkelige Hændelser indtruffen pludselig Død.

Fulde Navn:
Hvis den paagjældende er ukjendt, anføres paa denne Plads blot Kjønnet og den sandsynlige Alder, med Angivelse af alle særegne Kjendetegn (Ar, Modermærker, Tatovering etc.).

Jens Martinus Jensen

Alder (ɔ: fyldte Aar; for Børn under 1 Aar: Maaneder eller Uger):

29 år

Ugift; gift; Enkemand; Enke:

ugift

Egen eller Forældres Stilling og Næringsvej:

Daglejer

Bopæl (ɔ: Stedet, hvor den Afdøde sidst har havt fast Ophold — By, Gade, Nr.):

Gjerdrus

Døds- eller Findestedet:
(nærmere beskrevet):

I Ole Nielsens stue i fattighuset i Gjerdrus fandtes han død, siddende på en snittebænk. forover bøjel med højre forreste side af halsen hvilede mod kanten af et en alen fra snittebænken stående bord. Højre side af hovedet hvilede på bordpladen; højre arm hang ned.

Dødsdagen, eller, hvor denne ej kan angives, Dagen og Tiden, naar den Paagjældende er funden død:

Han fandtes omtrent Kl 6½ morgen d 25 October 1893

Ere Oplivningsforsøg foretagne:

Nej! han var stiv og kold

Ligets Leje og Forhold til dets nærmeste Omgivelser:

Liget sidder endnu på snittebænken i den ovenfor beskrevne stilling — en blok er dog stillet under højre albue — det er fuldt påklædt. Han ligger på en høvlebænk og klæderne fjernede.

Findes der udvendig paa Legemet Spor af Vold, i saa Fald hvilke?

På højre forreste side af halsen i højde med cartilago thyreoidea fremspringende vinkel findes en dyb tverrvinkel flade som en hængningsflade, hvor halsen har hvilet mod bordkanten. Ellers intet tegn på vold.

Dødsaarsagen, forsaavidt samme ved de erholdte Oplysninger eller Ligsynet kan angives; Ved Selvmord angives desuden 1) Aflivningsmaaden, samt 2) den formodede Aarsag eller Bevæggrund:

Kvelning ved tryk af bordkanten imod hans hals idet overkroppens vægt tildels har hvilet på halsen ulykkes tilfælde fremkaldt ved beruselse

Bekræfte de forefundne Data den af de Paagjældende meddelte Dødsaarsag?

Ja

Er der efter det stedfundne Ligsyn Anledning til at lade foretage nogen yderligere mediko-legal Undersøgelse, eventualiter retslig Obduktion?

Nej

Er Forraadnelse indtraadt, eller hvilke andre sikre Dødstegn er tilstede?

Stærk indtil dødstivhed

Undertegnede erklærer herved, at jeg *den 25 October 1893* i Forbindelse med *hr herreds fuldmægtig Press* har synet Liget af *Jens Martinus Jensen*, og at ovennævnte sikre og utvivlsomme Tegn paa virkelig Død ere tilstede.

Fint Paulsen
autoriseret Læge.

Anmærkninger.

1) Denne Attest træder i de Tilfælde, hvor Ligsynet foretages af Lægen som et mediko-legalt, i Stedet for den sædvanlige Dødsattest.
2) Attesten skal af Lægen enten personlig overleveres eller i forseglet Konvolut sendes til Stedets Politimester, uden hvis Paategning Tilladelse til Begravelse ej maa gives.
3) Politimesteren tager Afskrift af Attesten og fremsender Originalen med sin Paaskrift i forseglet Konvolut til vedkommende Præst.

7/10/1893   6228 93

Gerding kirke (Gerding Bylaug)

Datidens aviser bragte gerne lokale hændelser sendt ind som nyhed-
stelegrammer fra lokale meddelere. Dagen Jens Martinus blev fundet død,
kunne man således læse om eksempelvis "Dreng faldet af vogn", "Karl mast
haand i kværn" og "Gaardmand væltet med vogn". Et nyhedstelegram bragt i
et par aviser nogle dage senere omtalte dødsfaldet, uden at nævne Jens
Martinus navn. Det hed her: "Natten mellem Tirsdag og Onsdag denne Uge
forefaldt en sørgelig Begivenhed i Gjerding Fattighus, idet Brændevin gjorde Ende
paa en Ungkarls Liv". Nyhedstelegrammmets mission var imidlertid med
overskriften "Sørgelig Følge af Svir" nok så meget en advarsel om den umå-
deholdne druk i samfundet. Notitsen dramatiserede begivenheden til det
yderste: "Om Morgenen fandtes han siddende død ved Bordet med Haanden un-
der Kinden og Brandevinen løbende ud af Munden". Forfatteren af notissen
havde til gengæld opsøgt de lokale. Det var således ham og ikke politiet,
der bragte informationen om nogle i fattighuset boende kvinder havde
hørt den afdøde klage sig og Ole Nielsen råbt efter ham$_4$.

148

Den 29. oktober 1893 blev Jens Martinus Jensen - hjemme i Vendsyssel kendt som Skjøt-Jens - i en alder af blot 29 år begravet langt hjemmefra på Gerding kirkegård. Begravelsen blev besørget af fattigvæsenet i Gerding-Blenstrup sognekommune, hvor de indrog Jens Martinus efterladenskaber som vederlag for begravelsen. Værdien af disse dækkede næppe udgifterne, så sognerådet gjorde den givetvis så enkel og billig som mulig.

De sidste ord i kirkebogen "...han antages at have kvalt sig i beruselse"[5], blev overfladisk set Jens Martinus eftermæle. Hans historie er dog så meget mere. Han blev født, voksede op, levede og døde et fattigt problematisk liv. Han formåede flygte fra at være fattighjemsdrengen Skjøt-Jens, forstået som folk omkring ham ikke kendte hans fortid. Han formåede derimod ikke flygte fra, hvad hans baggrund havde gjort ham til.

Efterskrift

Jeg har med bogen bestræbt mig på at skabe en faktuel kildekritisk biografi. Alle detaljer er søgt verificeret og skrevet historisk så korrekt og præcist som muligt. Alt bygger på kilder, som er dokumenteret i noterne. Kilderne er indsamlet fra mundtlig og skriftlig information, offentlig tilgængelige statslige og lokale arkiver, internettet og opslagsværker, aviser og artikler, samt en omfattende litteratur, som kan ses i litteraturlisten.

Jeg har søgt ikke forsvare, fordømme eller undskylde bogens hovedperson, men lade kilderne fortælle historien så detaljeret og neutralt som muligt. Det har ikke været min hensigt, at det blot skulle være min slægtshistorie, men i lige så høj grad give fattiggårds- og fattighuslemmer en identitet og historie.

Jeg er dybt taknemmelig for min onkel Daniels optegnelser og min mor Ruths videregivelse af min oldemor Trines fortællinger om hendes ungdomsbekendtskab Jens Martinus Jensen. Jeg er ligeledes taknemmelig for min mormors halvsøster Annas børnebørn Hans Jørn Johnsens og Jenny Dahls engagement og hjælpsomhed. Desværre gik Hans Jørn bort under forløbet. Overordnet vil jeg også takke min moster Debora og kusine Lydias slægtsforskning i vores slægt og dermed store arbejde for at bevare dens historie. Endelig vil jeg takke Løkken Lokalhistoriske Arkiv for deres gæstfrihed, engagement og hjælpsomhed. Jeg nærer en stor beundring for Helle Bæk Nielsens og Søren Jensens ihærdige arbejde for arkivet og Løkkens historie under meget vanskelige betingelser.

Sluttelig vil jeg sige tak til min hustru Anne for hendes tålmodighed og opbakning til de mange timers arbejde med bogen.

Henvisninger

Den spanske sømand

1: Bygger på Stryge-Trines barnebarn Daniel Pedersen skriftlige genfortælling af samtale med Trine i 1950.

Vejhuset

1: A. Skjødsholm : "En by bliver til, Fiskeriet og Skoler i Løkken i Løkken - 300 år kapitler om en by", 1978. Severin Christensen Sortfeldt : "Bidrag til Fiskerbyen Løkkens Historie" i Samlinger til Jydsk Historie og Topografi 4 rk., 3. bd., 1917-19 side 59-78. Hjemmesiden (2021) "loekkenhistorie.dk/byens-udvikling/lokken-1678"

2: Folketælling Furreby 1850.

3: Folketællinger Furreby 1834-1850. Severin Christensen Sortfeldt : "Bidrag til byen Løkkens historie" i Vendsysselske aarbøger 1928-29 side 128-131. Hjemmesiden (2021) "loekkenhistorie.dk/byens-huse/33-carl-jensens-vej/79-carl-jensensvej-6-8-vejhuset".

4: Rakkeby kirkebog fødte 1794. Furreby kirkebog viede 1820. Folketællinger Rakkeby 1801 og Furreby 1834-1850. Severin Christensen Sortfeldt : "Bidrag til byen Løkkens historie" i Vendsysselske aarbøger 1928-29 side 142.

5: Fureby kirkebog døde 1819 og 1820.

6: Hjemmesiden (2021) "loekkenhistorie.dk/tidslinie".

7: Lars Larsen-Ledet : "Mit livs karrusel, Bind 1: Bondedreng, 1945".

8: Severin Christensen Sortfeldt : "Bidrag til byen Løkkens historie" i Vendsysselske aarbøger 1928-29 side 137.

9: Fureby kirkebog fødte 1828. NB: Der er i kilderne om familien ikke anført andre børn, fødsler eller døde børn! NB: I folketællingen Furreby 1845 er fejlagtigt anført, at Ane Johanne er født i Vrensted, men Fureby kirkebog afgang 1846 og Ingstrup kirkebog tilgang 1846 afslører fejlen.

10: Folketællingerne Ingstrup 1834 og Furreby 1840-1850. Furreby kirkebog fødte 1816. Hjemmesiden (2021) "loekkenhistorie.dk/byens-huse/46-vendelbogade/150-vendelbogade-5". NB: Der er ikke bevaret dødsattest for Henrich Bollesen til at uddybe dødsårsagen, men præsten oplyser i kirkebogen, at han døde pludselig.

11: Fureby kirkebog døde 1850.

12: Inge Mette Petersen : Død og begravet - om døden og begravelsen i 1800-tallet, (Nationalmuseet folder).

13: Folketælling Furreby 1850.

14 : Folketællinger Furreby 1870-1901.

Skjøt-Hanne

1: Ingstrup kirkebog afgang 1850. Fureby kirkebog tilgang 1851 og afgang 1851. Børglum kirkebog tilgang 1851. NB: Der er ikke i overensstemmelse mellem afgang Ingstrup kirkebog 1850 og ankomst Furreby kirkebog 1851. Det må være en fejl, da der kun er få indført i 1850 i forhold til 1851 i Furreby kirkebog. Det kan se ud som, at præsten på et senere tidspunkt har samlet op på ankomne personer!

2: Hjørring kulturarvskommune : "kulturen mellem kyst og land, I Stygge Krumpens fodspor", 2006-7. Børglum kirkebog fødte 1840-1848 og viede 1854. Folketællinger Børglum 1850 og 1855.

3: hjemmesiden (2021) "danmarkshistorien.dk/leksikon-og-kilder/vis/materiale/mikkel-christensens-erindringer-1880erne-1909/".

4: Sct. Catharina (Hjørring) Kirkebog fødte 1826. Folketællinger Hjørring Købstad 1834-1840 og 1850. Folketællinger Frederikshavn købstad 1845.

5: Fureby kirkebog tilgang 1851. Hals kirkebog viede 1854. Folketællinger Hals 1850-1870. Vennebjerg kirkebog døde 1886.

6: Fureby kirkebog fødte 1851 og døde 1848 (Thomas Peter Jensens far). Folketælling Furreby 1840-1850.

7: Folketælling Furreby 1855. Hjemmesiden (2021) "loekkenhistorie.dk/byens-huse/33-carl-jensens-vej/79-carl-jensensvej-6-8-vejhuset".

8: Folketælling Furreby 1855.

9: Fureby kirkebog fødte 1856 og døde 1856.

10: Folketællinger Furreby 1840-1906. Fureby kirkebog fødte 1833 og døde 1907. Hjemmesiden (2021) "loekkenhistorie.dk/byens-huse/37-ndr-strandvej/91-ndr-strandvej-11".

11: Fureby kirkebog fødte 1856 og døde 1856. Hjemmesiden (2021) "loekkenhistorie.dk/byens-huse/33-carl-jensens-vej/79-carl-jensensvej-6-8-vejhuset".

12: Fureby kirkebog fødte 1858 og døde 1858. Folketælling Vrensted 1860 Vrensted. Hjemmeside (2021) vendsysselwiki.dk/index.php/Vrensted_by.

13: Folketællinger Vester Brønderslev 1840-1845. Folketællinger Alstrup 1840-1855. Vester Brønderslev kirkebog fødte 1843.

14: Folketælling Furreby 1860. Severin Christensen Sortfeldt : "Bidrag til byen Løkkens historie" i Vendsysselske aarbøger 1928-29 side 133, 139-140 og 144.

15: Folketælling Furreby 1860. Alstrup kirkebog afgang 1859. Furreby kirkebog tilgang 1859 og afgang 1859. NB: Det er en fejl at Furreby kirkebog noterer, at han kommer fra Ingstrup, hvilket kan ses af Alstrup kirkebog noterer destination som Løkken.

16: Fureby kirkebog fødte 1859. Folketælling Furreby 1860 Furreby. Hjemmeside (2021) : "loekkenhistorie.dk/byens-huse/48-vrenstedvej/103-vrenstedvej-14".

17: Folketællinger Furreby 1840-1860. NB: I kirkebog og jordmoderprotokol står kun by og sogn, ikke præcis adresse for morens ophold og fødslen. Da Gjertrud Marie Larsdatter og hendes datter nævnes først som faddere, er det ikke usandsynligt, at det er her Johanne aktuelt bor.

18: Fureby kirkebog fødte 1859 og døde 1859.

19: Fureby kirkebog døde 1860 og fødte 1861.

20: Fureby kirkebog fødte 1861. Folketælling Furreby 1860.

21: Børglum-Furreby Sognekommune Forhandlingsprotokol 1843-1871. NB: Johanne nævnes i protokollen i 1870 i forbindelse med en ansøgning, men hun var allerede i systemet som fattiglem for længst på det tidspunkt.

22: Severin Christensen Sortfeldt : "Bidrag til Fiskerbyen Løkkens Historie" i Samlinger til Jydsk Historie og Topografi 4 rk., 3. bd., 1917-19 side 131-132. Børglum-Furreby Sognekommune Forhandlingsprotokol 1843-1871. Folketælling Furreby 1870. Fureby kirkebog viede 1820 og døde 1800 og 1819.

Et flygtigt bekendtskab

1: Fureby kirkebog fødte 1864.

2: Vrå kirkebog fødte 1833. Børglum kirkebog fødte 1835 og 1838. Folketællinger Børglum 1834 og 1840. Folketællinger Stenum og Vrensted 1840.

3: Fureby kirkebog fødte 1864.

4: Hjemmesiderne (2021) : "sa.dk/da/hjaelp-og-vejledning/rigsarkivets-online-vejledninger/skilsmissesager-kom-godt-gang". Hjemmesiderne (2021) : "danmarkshistorien.dk/vis/materiale/skilsmissens-aarhundrede".

5: Børglum kirkebog viede 1844. Folketælling Sankt Olai (Hjørring) 1845-1860. Skt Catherina (Hjørring) kirkebog døde 1862.

6: Folketællinger Hjørring købstad 1850-1870. Sankt Olai (Hjørring) kirkebog døde 1885.

7: Folketællinger Børglum 1840 (NB: Mikkel kaldes fejlagtig Michel). Folketællinger Vejby 1845 og 1850. Folketælling Simmersted 1870. Astrup kirkebog fødte 1864. Simmersted kirkebog døde 1871.

8: Folketællinger Børglum 1840-1860. Børglum kirkebog døde 1863.

9: Folketællinger Børglum 1840-1850 og 1870. Folketællinger Hallund 1855-1860. NB: I folketælling 1860 kaldes Jacob Peter fejlagtig Simonsen.

10: Folketælling Hallund 1870. Folketælling Børglum 1870. Hallund kirkebog fødte 1874, konfirmerede 1872 og døde 1877. Dødsattester for Hallund lægedistrikt 1876. NB: Jacob Peter Sørensen er af uransagelige årsager ikke indført i kirkebogen.

Rendestenssnagerne

1: Fureby kirkebog fødte 1864.

2: Folketælling Furreby 1870. Hjemmeside (2021) : "loekkenhistorie.dk/byens-huse/31-anton-bast-vej?layout=".

3: Jelstrup kirkebog fødte 1835 og vide 1840. Folketælling Jelstrup 1840. Folketælling Vrensted 1845. Folketællinger Furreby 1850-1870.

4: Fureby kirkebog fødte 1866.

5: H.C. Andersen: "H.C. Andersens dagbog - fra en rejse i det nordlige Jylland 1859" (den 2. august under besøg på Børglum Kloster), 2005.

6: Meïr Aron Goldsmith : "Dagbog fra en rejse på Vestkysten af Vendsyssel og Thy" 1865.

7: Uddrag af Hilbert Grønbech erindringer i Årsskrift for Løkken Museumsforening juni 2000 side 4.

8: Severin Christensen Sortfeldt : "Bidrag til Fiskerbyen Løkkens Historie" i Samlinger til Jydsk Historie og Topografi 4 rk., 3. bd., 1917-19 side 132-135, 137-138 og 140-141.

9: Peter Ussing Olsen : "Løkken skudehandlere og fiskere, badegæster og andre Løkkenfolk siden 1678", 2003 side 122.

10: Lars Larsen-Ledet : "Mit livs karrusel, Bind 1: Bondedreng, 1945".

Fattiggården

1: Børglum-Furreby sogneråd : "Protokol over lemmerne i Skjøttrup fattiggård", 1870-1928, side 52 og 84.

2: Torsten Ussing : "På fattiggården", 1985 side 18-19.

3: Torsten Ussing : "På fattiggården", 1985 side 9-10. Børglum-Furreby Sognekommune Forhandlingsprotokol 5. juli 1870.

4: Hjemmeside (2021) : "loekkenhistorie.dk/byens-huse/48-vrenstedvej/103-vrenstedvej-14". Torsten Ussing Olsen og Claus Søndergaard : "Skøttrup fattiggård 1869-1933" i Vendsyssel Årbog 1984 side 9. Torsten Ussing : "På fattiggården", 1985 side 7.

5: Torsten Ussing Olsen og Claus Søndergaard : "Skøttrup fattiggård 1869-1933" i Vendsyssel Årbog 1984 side 9-17. Torsten Ussing : "På fattiggården", 1985 side 9--17.

6: Torsten Ussing Olsen og Claus Søndergaard : "Skøttrup fattiggård 1869-1933" i Vendsyssel Årbog 1984 side 42.

7: Torsten Ussing : "På fattiggården", 1985 side 9-11, 15 og 42.

8: Torsten Ussing Olsen og Claus Søndergaard : "Skøttrup fattiggård 1869-1933" i Vendsyssel Årbog 1984 side 33-34. Torsten Ussing : "På fattiggården", 1985 side 19.

9: Torsten Ussing : "På fattiggården", 1985 side 19.

10: Børglum-Furreby Kommune : "Reglement for Bespisningen i fattiggaarden i Skjøttrup". Torsten Ussing : "På fattiggården", 1985 side 9-11 og 35-35. Torsten Ussing Olsen og Claus Søndergaard : "Skøttrup fattiggård 1869-1933" i Vendsyssel Årbog 1984 side 16 og 19.

11: Torsten Ussing : "På fattiggården", 1985 side 18-19.

12: Fureby kirkebog døde 1864 og 1887. Folketælling Furreby 1870. Børglum-Furreby sogneråd : "Protokol over lemmerne i Skjøttrup fattiggård", 1870-1928, side 53.

13: NB: Navnet Skjøt-Jens optræder både i Skøttrup fattiggårds protokoller, Furreby-Børglum sognekommunes protokoller og Børglum herreds protokoller.

Femten slag rotting

1: Fureby kirkebog konfirmerede 1978. NB: Det var almindeligt på den tid, at børn efter konfirmationen kom ud at tjene - og det var en fast praksis på fattiggårde.

2: Folketælling Furreby 1880. Hvetbo Herreds Politiprotokol 22. december 1880 sag 75/1880. Statsfængslet i Vridsløselille: Stamrulle - Doms Nr. 8758 - 1888. Marineministeriet : Stamrulle Lægsrullemandskab (marinen) 1887. NB: Skjøt-Jens færden i perioden er stykket sammen af en lang række dokumenter, hvoraf de her nævnte er de vigtigste.

3: Hvetbo Herreds Politiprotokol 22. december 1880 sag 75/1880.

4: Folketælling Aaby 1880. Folketælling Saltum 1870 og 1880. Carl Klitgaard : Hvetbo Herred, 2 del, 1907 side 203-204.

5: Folketælling Saltum 1880. Hvetbo Herreds Politiprotokol 9. januar og 3. februar 1881 sag 75/1880.

6: Folketælling Saltum 1880. Hvetbo Herreds Politiprotokol 22. december 1880 sag 75/1880.

7: Hvetbo Herreds Politiprotokol og bilag sag 75/1880. Hvetbo Herreds Arresthus, Blokhus, Arrestprotokol sag 22 1880. Bekrivelse til arkivalie B5101 Egnssamlingen i Saltum. Meïr Aron Goldsmith : "Dagbog fra en rejse på Vestkysten af Vendsyssel og Thy" 1865.

8: Hvetbo Herreds Politiprotokol og bilag sag 75/1880.

9: Hvetbo Herreds Politiprotokol 22. og 31. december 1880 sag 75/1880.

10: Hvetbo Herreds Politiprotokol 9. januar og 3. februar 1881 sag 75/1880.

11: Hvetbo Herreds Justitsprotokol 14. februar 1881. Hvetbo Herreds Arresthus, Blokhus, Arrestprotokol sag 22 1880. Karl Hansen i Lokalavisen den 19. november 1986. Den store danske (Lex.dk) : rotting. Børglum-Furreby sogneråd : "Protokol over lemmerne i Skjøttrup fattiggård", 1870-1928, side 101. NB: Selve domsprotokollen for Hvetbo Herred er desværre ikke bevaret.

Forsvundne træsko og beskidte skjorter

1: "Skjøttrup fattiggaard fattigprotokol" 1870-1928. Børglum Herredsfoged Politiprotokol 25. april 1884 sag 79/1884. NB: I ældre tid blev det skrevet Skjøttrup, mens det i dag staves Skøttrup. I henvisningerne bruges de af kilderne benyttede stavemåder, men i historien bruger jeg den nye stavemåde Skøttup!

2: Børglum Herredsfoged Sager til politiprotokoller 1884 bilagsmappe sag 79 Jens Martinus Jensen (Skjøt Jens) - Overbetjent Carlsens rapport af 24. april 1884. Folketællinger Tolstrup og Stenum 1880-1890. Harald Jørgensen : "Lokaladministrationen i Danmark: oprindelse og historisk udvikling indtil 1970", 1985 side 300.

3: Hjørring Arrest Protokol 1884 arrestant no. 69. Børglum Herredsfoged Politiprotokol 25. april 1884 sag 79/1884. Lone Venderby : Historier fra arkivet 01. Hjørring gammel Rådhus, 2009 side 12.

4: Børglum Herredsfoged Politiprotokol 25. april 1884 sag 79/1884. Hjørring Arrest Protokol 1884 arrestant no. 69. V. Richter : "Juridisk Stat - Fortegnelse over samtlige nulevende juridiske og statsvidenskabelige Kandidater", 1887. Harald Jørgensen : "Lokaladministrationen i Danmark: oprindelse og historisk udvikling indtil 1970", 1985 side 296.

5: Børglum Herredsfoged Politiprotokol 29. april 1884 sag 79/1884.

6: Børglum Herredsfoged Politiprotokol 21. maj 1884 sag 79/1884.

7: Børglum Herredsfoged Politiprotokol 25., 26. og 29. april 1884 sag 79/1884.

8: Børglum Herredsfoged Politiprotokol 3. og 8. maj 1884 sag 79/1884. Børglum Herredsfoged Sager til politiprotokoller 1884 bilagsmappe sag 79 Jens Martinus Jensen (Skjøt Jens) - Overbetjent Carlsens rapport 3. maj 1884.

9: Børglum Herredsfoged Politiprotokol 21. maj 1884 sag 79/1884.

10: Børglum Herredsfoged Sager til politiprotokoller 1884 bilagsmappe sag 79 Jens Martinus Jensen (Skjøt Jens) - Sognefaget Andreas Larsens rapport 26. april 1884.

11: Børglum Herredsfoged Politiprotokol 29. april 1884 sag 79/1884.

12: Børglum Herredsfoged Sager til politiprotokoller 1884 bilagsmappe sag 79 Jens Martinus Jensen (Skjøt Jens) - Sognefaget Andreas Larsens rapport 2. majl 1884. Børglum Herredsfoged Politiprotokol 8. maj 1884 sag 79/1884.

13: Børglum Herredsfoged Sager til politiprotokoller 1884 bilagsmappe sag 79 Jens Martinus Jensen (Skjøt Jens) - Sognefaget Andreas Larsens modtaget anmeldelse 2. maj 1884.

14: Børglum Herredsfoged Politiprotokol 3. maj 1884 sag 79/1884.

15: Børglum Herredsfoged Politiprotokol 8. maj 1884 sag 79/1884.

16: Den store danske (Lex.dk) : omgængelse_mod_naturen. Danmarkshistorien : danmarkshistorien.dk/vis/materiale/seksuallovgivning-foer-1849.

17: Børglum Herredsfoged Politiprotokol 25. og 29. april 1884 sag 79/1884.

18: Børglum Herredsfoged Politiprotokol 2. maj 1884 sag 79/1884.

19: Børglum Herredsfoged Politiprotokol 29. april 1884 sag 79/1884.

20: Børglum Herredsfoged Domprotokol 1884 sag nr. 23 Dom i justitssagen nr. 7 - 1884. Hjørring Arrest Protokol 1884 arrestant no. 69. Lex.dk (Den store danske) : vand og brød.

21: "Skjøttrup fattiggaard fattigprotokol" 1870-1928. Fureby kirkebog døde 1884. Hjørring Arrest Protokol 1884 arrestant no. 69. Hjørring Lægedistrikt: Dødattest 23. juni 1884 for Ane Johanne Jensen. Børglum Herred Dødsanmeldelsesprotokol 1884.

Vinterfrakken

1: Hjørring byfoged politiprotokol 6. november 1886 sag 200/1886. Hjørring byfoged sager til politiprotokoller 1886 - Rapport d. 3 november 1886. Hjørring Arrest Protokol 1886 arrestant no. 22. Folketællinger Hjørring købstad markjorde og Hjørring købstad 1880-1890. NB: De nævnte beskrivelser af Skjøt-Jens stammer fra diverse arrestprotokoller 1884-1888.

2: Hjørring byfoged politiprotokol 6. november 1886 sag 200/1886. Hjørring Arrest Protokol 1886 arrestant no. 22. Dansk Biografisk Leksikon 3. udgave, 1979-84.

3: Hjørring byfoged domsprotokol 18. november 1886 dom nr. 247. Hjørring Arrest Protokol 1886 arrestant no. 22.

Eksercer- og kaserneskibe

1: Lægdsrulle tilgang 5. udskrivningskreds lægd 510, 1883. Marineministeriet : Stamrulle Lægsrullemandskab (marinen) 1887.

2: Marinehistorisk Selskab/Orlogsmuseets Venner : 1030 i den danske Marines tjeneste ombord på vagtskibet Sjælland, 1895.

3: Marineministeriet : Stamrulle Lægsrullemandskab (marinen) 1887. Marinehistorisk Selskab/Orlogsmuseets Venner : 1030 i den danske Marines tjeneste ombord på vagtskibet Sjælland, 1895.

4: Generalkommissariatet (Søetaten) : Skibsjournal Ekcerserskibet Dannebrog 1887. H. Degenkolv : Den Danske Flaade 1807-1889, 1889.

5: Marinehistorisk Selskab/Orlogsmuseets Venner : 1030 i den danske Marines tjeneste ombord på vagtskibet Sjælland, 1895.

6: Generalkommissariatet (Søetaten) : Skibsjournal Ekcerserskibet Dannebrog 1887. Marinehistorisk Selskab/Orlogsmuseets Venner : 1030 i den danske Marines tjeneste ombord på vagtskibet Sjælland, 1895.

7: Marineministeriet : Stamrulle Lægsrullemandskab (marinen) 1887. H. Degenkolv : Den Danske Flaade 1807-1889, 1889.

8: Marinehistorisk Selskab/Orlogsmuseets Venner : 1030 i den danske Marines tjeneste ombord på vagtskibet Sjælland, 1895.

9: Lægdsrulle tilgang 5. udskrivningskreds lægd 510, 1883. Marineministeriet : Stamrulle Lægsrullemandskab (marinen) 1887. Marinehistorisk Selskab/Orlogsmuseets Venner : 1030 i den danske Marines tjeneste ombord på vagtskibet Sjælland, 1895.

10: Børglum Herredsfoged Politiprotokol 29. april 1884 sag 79/1884.

11: Straffejournal for Exsecer- og Kasserneskibet Dannebrog, 1888. Straffejournal for Vagtskibet ved Kjøbenhavn Sjælland 1888.

12: Hjørring Arrest Protokol 1887 arrestant no. 230. Marinehistorisk Selskab/Orlogsmuseets Venner : 1030 i den danske Marines tjeneste ombord på vagtskibet Sjælland, 1895.

Thi kendes for ret

1: Børglum Herredsfoged Politiprotokol 16. januar og 1. februar 1888 sag 16/1888.

2: Danmarkshistorien : danmarkshistorien.dk/vis/materiale/farvel-til-de-blaa-gen-darmer-satiretegning-blaeksprutten-1894. Nordjyske : Slaget på Store Brønderslev Marked, 3. september 2015.

3: Børglum Herredsfoged Politiprotokol 16. januar 1888 sag 16/1888. Hjørring Arrest Protokol 1888 arrestant no. 18.

4: Børglum Herredsfoged Politiprotokol 17., 25. januar og 1. februar 1888 sag 16/1888.

5: Børglum Herredsfoged Politiprotokol 17., 20., 25. og 27. januar 1888 sag 16/1888. Folketællinger Ugilt 1880-1890. Sindalegnens lokalhistoriske forenings hjemmede : sindalhistoriskearkiv.dk : artiklen : Folkemindesamleren Evald Tang Kristensen var også i Sindal. NB: Datoerne i teksten er beregnet ud fra i retsagens opgivne ugedage sammenholdt med dato for anmeldeelse.

6: Børglum Herredsfoged Politiprotokol 27. januar, 1. og 4. februar 1888 sag 16/1888.

7: Børglum Herredsfoged Politiprotokol 27. januar og 1. februar 1888 sag 16/1888.

8: Børglum Herredsfoged Politiprotokol 20. og 28. januar 1888 sag 16/1888. Folketællinger Thise 1880-1890.

9: Børglum Herredsfoged Politiprotokol 16. og 24. januar 1888 sag 16/1888.

10: Børglum Herredsfoged Politiprotokol 16., 19. og 24. januar 1888 sag 16/1888.

11: Børglum Herredsfoged Politiprotokol 28. januar 1888 sag 16/1888.

12: Børglum Herredsfoged Domsprotokol 25. februar 1888 No 130 Dom i sagen No 5/1888. Børglum herred strafferegister noteret ekstraretsdom den 19. juni 1888. Viborg Landsoverret Domsprotokol 3. april 1888 Dom i sagen 77/1888. Højesteret Domsprotokol 19. juni 1888 No 155. Hjørring Arrest Protokol 1887 arrestant no. 230. Hjørring Arrest Protokol 1888 arrestant no. 18. Harald Jørgensen : "Lokaladministrationen i Danmark: oprindelse og historisk udvikling indtil 1970", 1985 side 295.

Forbedringshuset

1: Børglum Herreds arrestprotokol 26 juni 1888. Statsfængslet i Vridsløselille: Stamrulle - Doms Nr. 8758 - 1888. Marineministeriet : Stamrulle Lægsrullemand-skab (marinen) 1887.

2: Emil Kruse : "Der var engang et forbedringshus - Glimt fra Vridsløselille Stats-fængsel 1859-1909", 2019 side 13-14. Peter Scharff Smith : "Isolation og sinds-sygdom - Vridsløselille Forbedringshus 1859-1873" i Nordisk Tidsskrift for Kriminalvidenskab, 2003.

3: Emil Kruse : "Der var engang et forbedringshus - Glimt fra Vridsløselille Stats-fængsel 1859-1909", 2019 side 15-18 og 72.

4: Statsfængslet i Vridsløselille: Supplemet til stamrulle - Doms Nr. 8758 - 1888-89. Emil Kruse : "Der var engang et forbedringshus - Glimt fra Vridsløselille Stats-fængsel 1859-1909", 2019 side 40-45. Poul Geleff : "Under Laas og Lukke", 1876. Louis Pio : "Erindringer fra redaktionskontoret og fængslet", 1877.

5: Statsfængslet i Vridsløselille: Supplemet til stamrulle - Doms Nr. 8758 - 1888-89. Emil Kruse : "Der var engang et forbedringshus - Glimt fra Vridsløselille Stats-fængsel 1859-1909", 2019 side 50-53, 59-60 og 69.

6: Statsfængslet i Vridsløselille: Supplemet til stamrulle - Doms Nr. 8758 - 1888-89. Emil Kruse : "Der var engang et forbedringshus - Glimt fra Vridsløselille Stats-fængsel 1859-1909", 2019 side 187-189

7: Tise kirkebog fødte 1890 og viede 1891. Stenum kirkebog fødte 1896-1909, døde 1922 og 1932. Folketællinger Stenum 1901-1920.

8: Statsfængslet i Vridsløselille: Supplemet til stamrulle - Doms Nr. 8758 - 1888-89. Peter Scharff Smith : "Isolation og sindssygdom - Vridsløselille Forbedringshus 1859-1873" i Nordisk Tidsskrift for Kriminalvidenskab, 2003.

8: Statsfængslet i Vridsløselille: Stamrulle - Doms Nr. 8758 - 1888.

Voldelig forhold

1: Emil Kruse : "Der var engang et forbedringshus - Glimt fra Vridsløselille Stats-fængsel 1859-1909", 2019 side 76-77.

2: Hellum-Hindsted Herredsfoged Politiprotokol 31. marts 1890 sag 77/1890. Folketællinger Vester Hassing 1880 og Bælum 1890. Vester Hassing kirkebog døde 1887.

3: Hellum-Hindsted Herredsfoged Politiprotokol 31. marts 1890 sag 77/1890.

4: Hellum-Hindsted Herredsfoged Politiprotokol 25, 28. og 31. marts 1890 sag 77/1890.

5: Hellum-Hindsted Herredsfoged Politiprotokol 9. april 1890 sag 77/1890.

6: Hellum-Hindsted Herredsfoged Politiprotokol 31. marts og 9. april 1890 sag 77/1890. Hellum-Hindsted Herredsfoged Strafferegister 19. april 1890.

Den knuste flaske

1: Hellum-Hindsted Herredsfoged Politiprotokol 13. juli 1891 sag 181/1891. Simon S. Laursen : "Stryge-Trines verden", 2023 side 124.

2: Hellum-Hindsted Herredsfoged Politiprotokol 13. juli 1891 sag 181/1891. Helge Søgaard : "Pavillonen i skoven : historien om Mosskovpavillonen, holdepladsen og Turistvejen", 2017.

3: Hellum-Hindsted Herredsfoged Politiprotokol 13., 14. og 28. juli 1891 sag 181/1891. Folketællinger Skørping 1890.

4: Hellum-Hindsted Herredsfoged Politiprotokol 13., 14. og 28. juli 1891 sag 181/1891. Hellum-Hindsted Herredsfoged Strafferegister 6. august 1891. Hellum-Hindsted Herredsfoged Sager til politiprotokoller 1891 bilagsmappe sag 181 Jens Martinus Jensen.

Martine og Anna

1: Simon S. Laursen : "Stryge-Trines verden", 2023 side 121-123

2: Simon S. Laursen : "Stryge-Trines verden", 2023 side 85-90 og 117-119.

3: Simon S. Laursen : "Stryge-Trines verden", 2023 side 123.

4: Hverken Hornum eller Hellum herreds rets- og domsbøger indeholder alimentationssag mod Jens Martinus Jensen.

5: Simon S. Laursen : "Stryge-Trines verden", 2023 side 127-134 og 182-186.

6: Simon S. Laursen : "Stryge-Trines verden", 2023 side 136-144.

7: Ellidshøj kirkebog fødte 1892. Gerding kirkebog fødte 1892 og døde 1866. Folketællinger Gerding 1860-1890. Folketælling Komdrup 1890.

8: Hellum herreds rets- og domsbøger indeholder ingen alimentationssag mod Jens Martinus Jensen.

9: Folketælling Skibsted 1901. Folketællinger Bælum 1906-1940. Skibsted kirkebog fødte 1895 og 1901, samt viede 1895. Bælum kirkebog fødte 1898 og 1904, samt døde 1951. Nørre Kongerslev kirkebog fødte 1906.

10: Folketælling Sejlflod 1916. Folketælling Lyngby 1925-1940. Folketælling Gudum 1890. Bælum kirkebog fødte 1913, viede 1913 samt døde 1954 og 1961. Sejlflod kirkebog fødte 1916.

11: Annas tilnavn er oplyst af hendes barnebarn Jenny Dahl.

I høj grad beruset

1: Hornum Herredsfoged Politiprotokol 5. april 1892 sag 43/1892. Simon S. Laursen : "Stryge-Trines verden", 2023 side 89-90, 105-106 og 117-120. NB: Hornum Herredsfoged Politiprotokol indeholder en lang række sager fra Støvring kro, hvor Niels Peter Pedersen (Bertels-Peter) er involveret eller omtalt.

2: Hornum Herredsfoged Politiprotokol 5. april 1892 sag 43/1892.

Den endelige kant

1: Hellum-Hindsted Herredsfoged Politiprotokol 25. oktober 1893 sag 260/1893. Aalborg Stiftsamt Journalsager 31. oktober 1893 sag 7 101/1893. Aalborg Lægedistrikt Dødsattester 25. oktober 1893 (udskrift kopi i Aalborg Stiftsamt Journalsager 31. oktober 1893 sag 7 101/1893). Aalborg Stiftstidende 24. oktober

1824 om vejret lokalt. Nordjyllands Arbejderblad 28. oktober 1893 side 4. Silke-borg Avis. Midt-Jyllands Folketidende 31. oktober 1893 side 3.

2: Bygger på Stryge-Trines barnebarn Ruth Laursen født Petersen mundtlige gen-fortælling af samtaler med Trine.

3: Aalborg Stiftsamt Journalsager 31. oktober 1893 sag 7 101/1893.

4: Nordjyllands Arbejderblad 28. oktober 1893 side 4. Silkeborg Avis. Midt-Jyllands Folketidende 31. oktober 1893 side 3.

5: Gerding kirkebog døde 1893. Hellum-Hindsted Herred Dødsanmeldelsesprotokol 1893.

Litteratur

A. Skjødsholm : "En by bliver til, Fiskeriet og Skoler i Løkken i Løkken - 300 år kapitler om en by", 1978.

Emil Kruse : "Der var engang et forbedringshus - Glimt fra Vridsløselille Statsfængsel 1859-1909", Albertlund Lokalhistoriske Forening, 2019

H. Degenkolv : "Den Danske Flaade 1807-1889", 1889.

H.C. Andersen: "H.C. Andersens dagbog - fra en rejse i det nordlige Jylland 1859", 2005.

Helge Søgaard : "Pavillonen i skoven : historien om Mosskovpavillonen, holdepladsen og Turistvejen", 2017.

Hjørring kulturarvskommune : "kulturen mellem kyst og land, I Stygge Krumpens fodspor", 2006-7.

J. P. Trap : "Kongeriget Danmark" 3 udgave bind 4 del 1, 1906.

Lars Larsen-Ledet : "Mit livs karrusel, Bind 1: Bondedreng, 1945".

Løkken Museumsforening: "Ladepladsen" Årsskrift for Løkken Museumsforening.

Meïr Aron Goldsmith : "Dagbog fra en rejse på Vestkysten af Vendsyssel og Thy" 1865.

Peter Scharff Smith : "Isolation og sindssygdom - Vridsløselille Forbedringshus 1859-1873" i Nordisk Tidsskrift for Kriminalvidenskab, 2003.

Peter Ussing Olsen : "Løkken skudehandlere og fiskere, badegæster og andre Løkkenfolk siden 1678", 2003.

Poul Geleff : "Under Laas og Lukke", 1876.

Severin Christensen Sortfeldt : "Bidrag til Fiskerbyen Løkkens Historie" i Samlinger til Jydsk Historie og Topografi 4 rk., 3. bd., 1917-19.

Severin Christensen Sortfeldt : "Bidrag til byen Løkkens historie" i Vendsysselske aarbøger 1928-29.

Simon S. Laursen : "Den endelige kant", 1993 som PDF på simhome.dk

Simon S. Laursen : "Stryge-Trines verden", 2023.

Torsten Ussing Olsen og Claus Søndergaard : "Skøttrup fattiggård 1869-1933" i Vendsyssel Årbog 1984.

Torsten Ussing : "På fattiggården", 1985.

Af samme forfatter:

Om småkårsfolk i Himmerland i 1800- og første halvdel af 1900-tallet

Vaskekonen Stryge-Trine blev en kendt og respekteret skikkelse i Støvring i sin samtid. Hendes far Bertels-Peter drak, kom dynamit i sine tørv, fortalte historier og forskrev sin sjæl til fanden. Som ung tjenestepige vædede hendes husbond et halvt pund chokolade med en tjenestekarl, der førte til, Trine fik en datter. Hendes farbror overlevede slagtebænkens vanvid i Dybbøl i 1864. Hendes faster endte på fattiggården. Hendes moster svang forhammeren i smedjen så gnisterne føg. Der er fortællinger om et uægte barn af en herremand og deserterede soldater fra Tyrol. En mosaik af skæbner oprulles og knyttet sammen af slægts- og venskabsbånd. Det er husmænd, landarbejdere og fattige, der må kæmpe for tilværelsen. Man griner og græder med dem.